スタンフォード式
人生を変える
運動の科学

THE JOY OF MOVEMENT

HOW EXERCISE HELPS US FIND HAPPINESS,
HOPE,CONNECTION,AND COURAGE

Kelly McGonigal

ケリー・マクゴニガル

神崎朗子 訳

大和書房

THE JOY OF MOVEMENT

by Kelly McGonigal, Ph.D.

This edition published by arrangement with Avery,
an imprint of Penguin Publishing Group,
a division of Penguin Random House LLC through
Tuttle-Mori Agency, Inc., Tokyo

私を触発してくれた
インストラクターのみなさんと、
さまざまなクラスで長いあいだ
一緒に体を動かしてきたみなさんへ。
喜びを分かち合ってくれて、　ありがとう。

スタンフォード式　人生を変える運動の科学　目次

はじめに　013

運動で「人生の満足度」が高まる　016

脳は、運動する人に「報酬」をくれる　018

「人間らしさ」とはなにか　021

第1章　持久力が高揚感をもたらす

うつ病や心臓病にならない民族　027

人間は、生まれつき「持久系アスリート」　031

なぜ「ランナーズハイ」が起こるのか？　032

20分の「ややきつい運動」でハイになる　035

脳卒中からの回復　037

「諦めなくなる」という副次効果　041

「最低の気分」を味わう実験　042

「人付き合いへの不安」を緩和する 046
「分かち合う集団」が生き残る 048
ランニングと社会事業を組み合わせた「グッドジム」 052
運動が孤独を防ぐ 055

第2章 夢中になる

運動そのものが麻薬？ 062
運動嫌いでも「6週間」で夢中になる 065
最初の一歩を踏み出すこと 067
プレジャー・グロス 072
「条件刺激」で運動欲求が高まる 075
持久系アスリートには、元依存症患者が多い 078
「うつ病の治療法」としての運動 080

運動を楽しむための進化 082
「運動好き」は遺伝なのか？ 085
週3回×6週間の運動で、不安が軽減 091
「運動している脳」と「恋する脳」 094

第3章 集団的な喜び

集団的な喜びと「シンクロニー」 102
エンドルフィンとヨガ 106
自己と他者がひとつになる感覚 108
集団的自己は「パーソナルスペース」を広げる 110
「社会的グルーミング」と助け合い 113
テクノロジーは、人間の代わりになるか？ 117
アバター相手でも「エンドルフィン」は分泌される 121

「集団運動・行動による絆の形成」 124
災害と「我々」の主体感 128
体は「同調」するようにできている 130
「単純動作の繰り返し」で喜びが増す 133

第4章 音楽に身をまかせる

音楽の「強壮剤」効果 136
「パワーソング」で底力を引き出す 141
パワーソングの選び方 144
音楽は団結力を高める 147
喜びの音楽は、世界共通 149
パーキンソン病患者のためのダンス・プログラム 152
脳の「ミラーニューロン系」の活性化 156

好きな音楽は忘れない 160
「原始的な本能」を呼び覚ます 164

第5章 困難を乗り越える

地球上でもっとも過酷なイベント 170
挑戦するか、諦めるか 173
困難を前に、人は協力する 177
助けてもらう練習 179
「動きの質」で自己認識が変わる 182
「どうせ私なんて」を覆す 186
障害のある人専門のトレーニングジム 190
「目的なき希望は長続きしない」 195
「希望」が脳に与える影響 198

「共感」が自分の可能性を広げる 201

第6章 いまを大切に生きる

グリーン・エクササイズの効果 210
「安静時の脳」で起こっていること 212
DMNのネガティブ・バイアス 215
「いま、この瞬間」への意識 219
もうひとつのデフォルト状態 221
「自然との一体感」がもたらす力 223
現代人は「自然欠乏症候群」 229
生まれた土壌にふたたび根を下ろすとき 230
助け合い、支え合う気持ち 234
緑地が、人と人をつなげる 237

ボランティア活動が「ストレスホルモン」を減らす …… 239

第7章 ともに耐え抜く

苦しみのなかに意味を見出す …… 247
ウルトラマラソンが与える強烈な喜び …… 249
苦痛とともに前進する …… 254
耐久レースを走る意味 …… 257
約４８０キロのウルトラマラソン …… 261
持久力が、レジリエンスを生む …… 263
メンタルヘルスへの強力な効果 …… 266
「自分という人間」の本質を知る …… 269
世間のプレッシャーからの解放 …… 271
やりとげる経験 …… 274

五輪史上、もっとも感動を呼んだシーン……279
耐久レースは、ひとりではゴールできない……281
極限状況で「人に頼ってもいい」と気づく……285

おわりに……289

情報源について……301
謝辞……302
訳者あとがき……306

＊本文中の（　）は原注、［　］は訳注を表す

はじめに

過去をふり返って、「あのとき、私の人生は変わったんだ」と確信をもって言えることなど、数えるほどしかない。そのひとつは、私が22歳のときのできごとだ。

大学院で心理学を専攻した私は、「シャイネスの心理学」という演習を履修することにした。子どものころから内気な性格で、当時もまだ不安症に悩まされていたのだ。その演習では、各学生が自分にとって重要な目標でありながら、怖気づいたり自信がなかったりして、それまで挑戦できなかったことに、思い切って取り組むことになっていた。

私は長年の夢だった、グループエクササイズのインストラクターになろうと決心した。子どものころから、家のリビングで、ビデオを観ながらエクササイズをするのが大好きだったのだ。

まわりの子たちは宇宙飛行士のサリー・ライドや、映画監督のスティーヴン・スピルバーグのようになりたいと言っていたけれど、私が夢見ていたのは、スタジオで大勢の人たちをリードしながら、ジャンピング・ジャックやステップタッチをしている自分の姿だった。高校でスペイン語とフランス語を勉強したのも、〈クラブメッド〉のリゾートで

エアロビクスを教えるには、3か国語を話す必要があると知ったからだった。

あのとき、私は大学構内のスタジオの前に立っていた。エアロビクスのインストラクターのオーディションが、数分後に迫っていた。振り付けを何時間も練習してきたから、夢のなかでも踊れるほどだったのに、突然、パニック発作が起きそうな感覚に襲われた。胃がむかむかする。両手の爪が手のひらにぐっと食い込んでいる。

こんな大事なときにかぎって、どうしよう、心臓が破裂しそう。

だが、不安に押しつぶされるわけにはいかなかった。このまますごすごと立ち去って、アパートメントの部屋に帰り、なにごともなかったふりをするなんて。

あの瞬間のことは、はっきりと覚えている——スタジオの手前で、逃げ出したい思いに駆られながらも、踏みとどまったことを。もしかしたら、あなたにも同じような瞬間があったかもしれない——ずっと憧れていながら尻込みしていたことに、思い切って挑戦したターニングポイントの瞬間が。

いま思えば、あのとき私が踏みとどまったのは、好きな運動をとおして、勇気についてさまざまなことを学んできたおかげだろう。

ヨガでは呼吸を深めることや、難易度の高いポーズに少しずつ挑戦することを学んだ。ダンスでは、レッスンの初めはどんなに不安で弱気になっていても、音楽に合わせて体を動かしていくうちに、楽観的な気分になれることを知った。そして、いちばんきつい有酸

素トレーニングでは、心臓が激しく鼓動するのは不安のせいだけでなく、心臓が鍛えられている証拠でもあることを学んだ。

逃げ出さずにオーディションを受ける決心をしたことによって、私の人生は変わった。グループエクササイズのインストラクターとして、一歩を踏み出したのだ。あれから20年近くたつが、インストラクターとして教えることは、私に大きな喜びとやりがいをもたらしている。

私は長年のあいだに、体を動かすことで気分まで明るくなった人をたくさん見てきた。希望を見出し、新たな気持ちで世のなかと向き合えるようになった人もいる。運動をすることで自分自身の強さを実感したり、自分を解き放てるようになったりした人たちの姿を、私は目の当たりにしてきた。

そして、年齢も身体能力も異なる人たちに教えていくうちに、体を動かすことはさまざまな意味で役に立つことを学んだ。

運動はセルフケアにもなれば、困難に立ち向かう機会や、友人をつくるきっかけにもなる。私が教えたクラスの多くは、みんなで一緒に体を動かすだけでなく、互いに支え合い、励まし合う仲間になっていった。そういうクラスで、みんなのステップがぴたりとそろったり、欠席が続いていた人が復帰したのを喜んでみんなでハグしたりするとき、私は集団的な喜びとはどんなものかを、身をもって学んだ。

このようにインストラクターの仕事はとても充実していたので、一度もやめずに続けてきた。私の支えになっていたのは、体を動かす喜びをみんなで味わうことで得られる満足感だけではなかった。体を動かすことで、私自身が救われていたのだ。人生のさまざまな局面において、運動は私を孤独や絶望から救ってくれた。運動は私の勇気や希望を育み、喜びを味わう方法を思い出させ、居場所を与えてくれた。

運動で「人生の満足度」が高まる

私の経験は、なにもめずらしい話ではない。世界的に見ても、体をよく動かす人たちのほうが、幸福感や人生に対する満足度が高い。それはウォーキング、ランニング、水泳、ダンス、サイクリング、競技スポーツ、ウェイトリフティング、ヨガなど、どんな運動をしている人にも当てはまる。また定期的に運動している人たちは、目的意識が強く、日常生活において感謝や愛情や希望を実感することが多い。仲間との深いつながりを感じるため、孤独や気分の落ち込みを感じにくいこともわかっている。

このような効果は、年齢や、社会経済的な地位や、文化のちがいにかかわらず、共通して見られる。ここで重要なのは、運動がもたらす心理的・社会的な効果は、身体能力や健康状態とは関係がないことだ。慢性の痛みや身体障害、心や体の深刻な病気を抱えている人びとや、ホスピスケアの患者たちにも、同じような効果が表れている。希望、やりがい、

仲間同士の親睦などの深い喜びは、健康状態や体力ではなく、なによりも**体を動かすこと**と関連しているからだ。

本書の中心的なテーマは、「運動は人間の幸福にいかに貢献するか」である。私はまず、科学論文を徹底的に調べることから始めた。

運動をする人たちのほうが幸福度が高いことを示す論文は無数にあるが、それは読み飛ばし、その理由を解き明かすカギとなる研究や理論を探した。神経科学、古生物学、音楽学など幅広い分野の論文を熟読し、人類学、心理学、生理学の学者たちにも話を聞いた。またアスリートや運動の専門家らに取材し、ジムやダンススタジオや、公園から航空母艦まで、人びとが体を動かすさまざまな場所を訪ねた。回想録や民族誌を読みあさり、世界のさまざまな文化や歴史のなかで、体を動かすことが果たしてきた役割について、理解を深めた。さらに幅を広げ、哲学者や宗教学者による文献にも目を通した。

ポッドキャストをダウンロードし、ソーシャルメディアのグループにも参加した。そして友人や家族のほか、面識のない人びとにも連絡を取り、体を動かすことについてのインタビューを申し込んだ。取材後、気がつけば私は、いつも録音した会話の一部を聞き直していた。自分が取ったメモの内容を確認するためだけでなく、その人の体験談《ストーリー》をもう一度、聞きたくなったからだ。

取材した人の多くは、体を動かすことが自分にとってなにを意味するかを語るとき、思わず涙ぐんでいた。ある人の話を繰り返し3回聞いたあと、私はこう書いていた。

「そのことを話してくれたとき、彼女の目から涙があふれた」

そして、ふと気づいたのだ。あれは喜びの涙であり、体を動かす喜びは、感動をもたらすのだと。

脳は、運動する人に「報酬」をくれる

調べていくうちにまずわかったことのひとつは、「なぜ運動は人を幸福にするのか」についての一般的な説明は、あまりにも単純すぎることだ。

運動がもたらす心理的な効果は、「幸福ホルモン」と呼ばれるエンドルフィンによる高揚感だけではない。運動によって、ほかにも多くの脳内化学物質が活性化するため、エネルギーが湧き、不安が和らぎ、人との絆が深まるなど、さまざまな効果が得られる。脳の炎症を抑える効果もあるため、長期的にはうつ病や不安症や孤独を防ぐことにもつながる。

さらに、定期的な運動は脳の構造に物理的な変化をもたらし、喜びや、人とのつながりを感じやすくなる。こうした神経系の変化は、うつ病や依存症の最先端治療で確認された効果に匹敵するほどだ。運動すると気分が爽快になるのは、そのための仕組みが筋肉組織に備わっているためでもある。体を動かすと、脳のストレス耐性を高めるホルモンが、筋肉から血中へ分泌されるのだ。このホルモンは、「希望の分子」とも呼ばれている。

こうした科学的根拠《エビデンス》を見れば、人体のあらゆる生理機能は、体を動かすことに報酬を与

える仕組みになっているとしか思えない。いったいなぜ人体には、人を活動的にさせるための精巧な仕組みが備わっているのだろう？

まず思い浮かぶのは、運動による健康効果だろうか。たとえば、活動的な生活を送ることで心臓発作を予防するよう、脳が体にうながしているのかもしれない。

だがこの考え方は、人類の生存において、運動が果たしてきた重要な役割を歴史的観点からとらえるには、あまりにも視野が狭いだろう。医師はあなたの血糖値や血圧を下げるため、あるいはがんのリスクを減らすために、運動を勧めるかもしれない。しかし、人類の長い歴史において、体を動かすおもな目的は、病気を防ぐことではなかった。体を動かすことは、生きることそのものだったのだ。

神経科学者のダニエル・ウォルパートが述べているとおり、「人間の脳の最大の目的は、体を動かすことだ。動くことこそ、我々が世のなかとかかわるための唯一の手段なのだ」。だからこそ私たちの体は、動くことによってさまざまな報酬が得られるようにできている。動くことで報酬が得られるのは、もっとも根本的なレベルで、脳と体があなたに活動をうながすための方法なのだ。あなたが積極的に動き出すと、筋肉はあなたに希望をもたらし、脳は喜びを生み出す。そして体のあらゆる生理機能の働きによって、あなたが生きるために必要なエネルギーや、目的意識や、勇気がもたらされる。

さらに、動くことで報酬が得られるのには、もっと複雑な理由もある。それは人間の幸福の心理にかかわることだ。人間は生きるために役立つ活動や、経験や、精神状態に喜び

を感じるようにできている。それには食事や睡眠といった基本的なことだけでなく、人間ならではの心理的な特徴も含まれる。

たとえば、私たちは助け合うことに喜びを感じ、チームワークにやりがいを覚える。進歩することに張り合いを感じ、なにかに貢献することを誇りに思う。私たちは人びとや場所やコミュニティに愛着を感じ、大事にすることで、心の温もりを感じる。

私たちが人生に意味を見出す能力でさえも、喜びを感じる神経系の働きに深く結びついている。というのも、脳の報酬系はストーリーやたとえ話から強い刺激を受けるため、私たちが人生に意味を見出せるよう、自分が経験したことやできごとを物語のように紡《つむ》ぎなおして、自分自身を納得させるのだ。

こうした幸福を感じるための習慣は、わざわざ身に付けるまでもなく、人間の本能としてDNAに組み込まれ、代々受け継がれてきた。呼吸をしたり、食べ物を消化したり、筋肉に血液を送り込んだりするのと同様に、生きるために不可欠な能力として、私たち一人ひとりに備わっている。

運動や競技であれ、冒険やお祭りであれ、体を動かすと幸福感が増すのは、このような本能が刺激されるからだ。体を動かすことは、自己表現や、人とつながること、なにかを習得することなど、人間のもっとも基本的な深い喜びと結びついている。私たちは体を動かしているときこそ、音楽と一体になる喜びや、スピードや、しなやかさや、力強さにあ

ふれた動きがもたらす快感など、本能的な喜びを味わうことができる。

さらに、私たちは体を動かすことで、自然とのつながりや自分よりも大きな存在を感じるなど、人間の根源的な欲求を満たすこともできる。どうやら、人びとがもっとも魅力を感じる運動は、個人の強みを引き出すと同時に、みんなで力を合わせたいという本能を呼び覚ますようだ。運動によって心理的にも大きな充足感が得られるのは、それに参加することで、自分のよい部分が引き出されると同時に、ほかの人びとのよい部分も目にするからだ。

どの文化でも、舞踊などの体を動かす儀式を祭典や伝統行事の中心に据えている理由はそこにある。哲学者のダグ・アンダーソンが述べているように、「運動には、私たちのもっとも人間らしい部分を引き出す効力があるのだ」。

「人間らしさ」とはなにか

運動と幸福の多くの関連性を調べていくうちに、本書はおのずと、人間らしさとはなにかを探求するものとなった。体を動かす喜びを理解するには、それが唯一の方法なのだ。

そしておそらく、私があらためてなによりも実感したのは、人間の幸福感はコミュニティで深まることだ。社会的な生き物として進化してきた人間は、生きていくために互いを必要とする。人類の誕生以来、体を動かすことは――労働であれ、儀式であれ、遊びで

あれ――人間同士がつながり、協力し、ともに祝うために役立ってきた。こんにちでも、体を動かすことは私たちを結びつけ、人間はどれほど互いを必要とするかを思い出させてくれる。

運動がもたらす心理的効果は、いずれも人間の社会的な性質によるところが大きい――それはじつに、驚くべき発見だった。体を動かす喜びの大部分は、人とのつながりがもたらす喜びだったのだ。

本書の執筆を始めたときは、運動によって喜びを見出す方法を紹介する手引き書をイメージしていた。だがふたを開けてみると、もっとすばらしいものになった。本書はあらゆる運動と人間性を讃えるラブレターだ。

この本を書くことが、思いがけず、運動と同じように私の気持ちを高揚させてくれたのは、本当にうれしかった。私は希望を抱き、仲間とのつながりを感じた。インタビュー取材を終えたあと、「人間っていいな。何てすばらしいんだろう」と、思わずつぶやいたことが何度もあった。

たぶん、私の心は運動と同じくらい、そういう実感を求めていたのだと思う。あなたもそうだろうか。だとしたら、私が本書の執筆によって得たものが、少しでもあなたに届きますように。

本書をきっかけに、体を動かすことの重要性を再認識したあなたが、運動をとおして、喜びとやりがいを実感できますように。

この本を読みながら、あなたの心が感動で満たされますように——人間は何てすばらしい、奇跡のような存在なのだろう、と。

第1章 持久力が高揚感をもたらす

ランナーズハイを味わえるなら、走るのが苦手な人でもやる気が出るかも、とよく話題になるが、その体験談たるや、ときに信じがたいものがある。

1855年、スコットランドの哲学者、アレクサンダー・ベインは、速歩きや走るときの喜びを「一種の機械的な陶酔」と表現し、ローマ神話の酒の神バッカスを讃える陶酔的な儀式にも似た高揚感をもたらすと述べた。

イギリスの文化史家、ヴァイバー・クリガン＝リードも、2016年刊行の回想録『フットノート（*Footnotes: How Running Makes Us Human*）』（未邦訳）において、ランナーズハイの感覚を酩酊にたとえている。

「密造ウイスキーのように強烈だ。誰かれかまわず声をかけて、きみは何て美しいんだ、

世界は何てすばらしいんだろう、生きてるって最高だね、なんて言いたくなる」

トレイルランナーでトライアスロン走者でもあるスコット・ダンラップは、ランナーズハイになったときの気分をこう述べている。

「たとえば、レッドブルのウォッカ割りを2杯とイブプロフェンを3錠食らって、ポケットには50ドルの当たりくじが入ってる、って感じかな」

多くの人がランナーズハイを陶酔状態にたとえるいっぽうで、宗教的体験にたとえる人たちもいる。ダン・スターンは著書『ランナーズハイ（*The Runner's High*）』（未邦訳）において、朝のジョギングの距離が約11キロに達したとき、涙がとめどなくあふれた経験をつぎのように述べている。

「僕の高揚感は、神秘主義者や、シャーマンや、ＬＳＤ［幻覚剤］の常用者が体験する境地にかぎりなく近づいていった。一瞬一瞬が貴重に思えた。独《ひと》りなのに、しっかりとつながっているような、そんな感覚だった」

酒や宗教のほかに、愛にたとえる人たちもいる。ソーシャルニュースサイト「レディット」には、ランナーズハイについて語り合うフォーラムが存在し、ユーザーたちが投稿を寄せている。

「走っているのが最高にうれしくて、みんな大好きって気分になる」

「いいなと思っていた人が、自分のことを好きだと言ってくれたような感じ」

ウルトラマラソン走者のステファニー・ケースは、走っているときの幸福感についてこ

う語っている。

「まわりの人や家族とのつながりを感じて、将来のことをどこまでも前向きに考える」

ランナーたちはこぞって走ることはすばらしいと語るが、喜びをもたらすのはランニングだけではない。ハイキング、水泳、サイクリング、ダンス、ヨガなど、あらゆる持続的な運動において、同じような幸福感を味わうことができる。だがいずれにせよ、高揚感を味わえるのは努力したあとで、がんばった自分に脳が与えてくれるごほうびのようなものだ。なぜそのような報酬が存在するのだろう？　まわりの人に対する愛情があふれてくるのは、いったいなぜなのだろう？

ランナーズハイに関する最新の理論は、大胆な主張を展開している。人間が運動によって多幸感を得られるのは、人類の祖先たちの狩猟採集生活に関係しているというのだ。生物学者のデニス・ブランブルと古人類学者のダニエル・リーバーマンは、「こんにち、ウルトラマラソンは運動やレクリエーションの一種となっているが、その歴史は人類の起源にまでさかのぼる」と述べている。

脳内化学物質の作用によって走ることに喜びを感じる状態は、原始人たちが狩猟や採集に励むための報酬として役立っていたらしい。私たちがランナーズハイと呼んでいるものは、祖先たちが協力し、狩りの獲物を分け合うのに役立っていたようだ。

進化の過程で人類が生き延びたのは、体を動かすことで快感が得られたせいもあるだろう。現代においても、ランニングなどの運動がもたらす高揚感は、私たちの気分を高め、

人とのつながりを深めるのに役立っている。ランナーズハイの科学を理解することは、そのような効果を利用して、仲間とのつながりを深め、愛情や生きる喜びを実感できる運動を見つけるのにも役立つ。

うつ病や心臓病にならない民族

２０１０年、人類学者でデューク大学教授のハーマン・ポンツァーは、ライオンの唸り声を聞きつけ、テントのなかで飛び起きた。当時、彼はタンザニア北部のエヤシ湖付近で野営をしていた。その場所は、２００万年前のヒト科の一種で、初めて道具を使用したホモ・ハビリスの生息地として知られる、オルドヴァイ渓谷のほど近くだった。

ポンツァーがタンザニアを訪れたのは、現在ではアフリカでも数少ない狩猟採集民族、ハヅァ族の運動習慣を観察するためだ。彼が研究チームとともに野営を始めたのはほんの数日前で、まだ環境に慣れていなかった。ライオンの唸り声の大きさからして距離は１キロ未満と思われたが、なるべく気にしないようにして、ふたたび眠りについた。

翌朝、ポンツァーは6時に起床し、研究チームの仲間と焚き火を囲んだ。朝食のインスタントコーヒーとオートミール用にお湯をわかしていたところへ、ハヅァ族の男性たちが大きな獲物をかついで野営地に入ってきた。彼らも前夜、ポンツァーと同じく、ライオンの咆哮を聞いたのだ。だが、彼らは寝ようとはせず、暗闇のなか野営地を出てライオンた

ちのあとを追跡し、獲物を奪ってきた。それが、食肉を手に入れるための彼らの流儀なのだ。ポンツァーはこう語っている。

「男として、あれほど情けないことはなかった。こちらはインスタントのオートミールを食べようとしているのに、ハヅァ族の５人の男たちは、ライオンが殺したばかりのレイヨウを奪って、堂々と帰還したのだから」

このようなハヅァ族と欧米人の生活様式における顕著な相違点こそ、ポンツァーたちがタンザニアで研究していたことだった。ハヅァ族の生活環境は現代人とはかけ離れており、DNAの解析によって、人類最古の種族のひとつであることが判明した。

だがもちろん、ハヅァ族は生ける化石などではなく、世界のあらゆる民族と同様に進化している。ところが彼らの文化は、ほかの民族の文化ほど急激な変化を遂げていない。いまなお狩猟採集生活を営む、総勢約３００名のハヅァ族の人びとは、原始人と同じような手段で生活しているのだ。

ポンツァーの同僚が私に語ったように、大昔の人類の生活を理解したければ、「これほど酷似している例はない」。さらに、人間の体と脳が本来はどのような運動に適しているのかを理解するためにも、それを実際に目撃できる絶好の機会でもある。

ハヅァ族の人びとは、１日の大半を狩猟と採集に費やす。男性たちは手製の弓と毒矢をもって早朝から狩りに繰り出し、小鳥からヒヒまで種類を問わずに獲物を仕留める。女性たちは朝からベリー類やバオバブの実を摘んだり、タロイモを掘ったりして、約９キロも

の食料を持ち帰ると、午後もまた出直す。

ポンツァーらは研究プロジェクトの一環として、ハヅァ族の男性19名と女性27名に活動量計と心拍数モニターを装着してもらい、彼らの1日の活動を記録した。すると、ハヅァ族の典型的な1日の生活では、ランニングなどの中強度から高強度の運動を2時間、さらにウォーキングなどの低強度の運動を数時間おこなっていることがわかった。

しかも、彼らの活動レベルには年齢や性別による差がないどころか、むしろ年齢とともに活動量が増えていた。これとは対照的に、アメリカ人の場合、平均的な成人の中～高強度の運動時間は1日10分未満であり、活動量のピークはわずか6歳だ。ハヅァ族の生活のしかたこそ人体に適しているとすれば、私たち現代人の生活は、本来あるべき姿からひどく離れてしまったことになる。

ここで注目したいのは、先進国で蔓延している心臓病が、ハヅァ族にはまったく見られないことだ。同年代のアメリカ人と比較した場合、ハヅァ族のほうが血圧やコレステロールやトリグリセリドの数値が低く、心臓発作をまねく血液の炎症反応の指標である、C反応性蛋白《たんぱく》の数値も低い。いずれも心臓が健康である証拠であり、身体活動量の多い人びとによく見られる特徴だ。

だがポンツァーが私に語ったとおり、彼が個人的にもっとも驚いたのは、二大現代病とも呼ぶべき不安症とうつ病が、ハヅァ族には見られなかったことだ。それが彼らの活動的

なライフスタイルによるものかどうか断言はできないとしても、その可能性は高い。

加速度計を用いたアメリカの研究では、日常生活の身体活動レベルは、人生の目的意識と相関関係にあることがわかった。また実時間追跡では、人びとは座りっぱなしでいるよりも、活発に動いているほうが気分がよくなることや、ふだんよりも活動的に過ごした日のほうが、人生の満足度が高くなることがわかった。

そのほかアメリカとイギリスの研究では、中強度の運動をしている成人たちに、一定の期間、座っている時間の多い生活をしてもらい、健康状態が悪化するかどうかを観察した。ふだん運動している人たちが、２週間ほとんど座りっぱなしの生活をしたところ、不安や疲労感や敵愾《がい》心が強まったことがわかった。

また無作為に選んだ成人を対象に、１日の歩数を減らしたところ、88パーセントの人たちに気分の落ち込みが見られた。座りっぱなしの生活では、１週間もしないうちに、人生の満足度は31パーセントも低下した。毎日の平均歩数が５６４９歩を切ると、不安や気分の落ち込みなどの症状が現れ、人生の満足度が低下してしまう。いっぽう、典型的なアメリカ人の１日の歩数は４７７４歩、世界の平均は４９６１歩という状況だ。

人間は、生まれつき「持久系アスリート」

人類はずっと順調に狩猟採集生活をしていたわけではない。２００万年前、大規模な気候変動によって地球の温度が低下すると、東アフリカの地勢は一変した。

うっそうとした森林地帯が減少し、まばらな森や広い草原が出現した。生息環境の変化にともない、食料の調達方法も変化した。原始人たちは以前よりもはるかに広範囲を移動しなければ、獲物を追い、死骸に残った肉をあさり、木の実を採集することができなくなった。

人類学者たちは、これが人類の進化におけるターニングポイントだと考えている——自然選択によって、走るのに適した身体的特徴が優性になったのだ。生き残ったのは、長時間の狩りを耐え抜ける体をもっていた者たちだった。

走る姿は化石に残ってはいないが、骨格の化石は残っている。過去２００万年のあいだに、走ることを可能にした解剖学的適応が起こったことが、ヒトの化石記録からはっきりと読み取れるのだ。４００万年前の猿人たちは直立歩行をしていたが、樹上で過ごす時間が多かった。そのため彼らの曲がった足は柔軟性に富み、枝をつかみやすいように足指が長く、走るのには適していなかった。

現代人のように、がっしりとして、扁平で、地面を蹴りやすい足が登場したのは、化石

記録によれば、100万年から200万年前ごろだ。ちょうどその時期からホモ・エレクトス［直立人類］の骨格の化石が見つかっており、猿人にくらべて大腿骨が1・5倍長く、肩幅が広く、前腕が短くなっている。いずれも効率的に走りやすくするための特徴だ。

化石記録はさておき、あなたも自分の体を観察すれば、そのような特徴がたくさんあることに気づくだろう。大きな臀《でん》筋と長いアキレス腱は、体に推進力をもたらす。人間はほかの霊長類にくらべて遅筋《ちきん》線維が多く、持久力に優れている。また、走ることでミトコンドリアが増え、多くの酸素を使ってエネルギーを産生する。

さらに人体には霊長類のなかでは唯一、項靱帯《こうじんたい》という、頭蓋骨の底部と脊椎をつなぐ線維性膜が備わっている。オオカミや馬などの走る動物に備わっているこの項靱帯のおかげで、走っても頭がグラグラしないのだ。

こうした適応はすべて、人間が持久系アスリートとして進化してきたことを示している。原始人の生存は長距離を速く走る能力にかかっていたため、あなたの体にも生まれつき骨や筋肉や関節が備わっていて、持久力を発揮できるようになっているのだ。

なぜ「ランナーズハイ」が起こるのか？

アリゾナ大学の人類学者、デイヴィッド・ライクレンは、自然選択によって人体が走りやすいように変化したことは、以前から知っていた。2005年の論文「ヒトの大臀筋は

なぜ大きくなったのか」をはじめとする大学院時代の研究成果は、彼の理論の確立に貢献した。

しかし、ライクレンは動機の問題で行き詰っていた。自然選択によって走りやすい骨格になっても、それだけでは持久系アスリートは誕生しない。いったいなにが原始人を長時間、必死に走らせたのだろう？

人間はむしろ、体力を温存しようとするのがふつうだ。大きな獲物をねらって一日じゅう走り回っていたら、カロリーを使い果たしてしまう恐れがある。ハーマン・ポンツァーが述べているように、狩猟や採集は「カロリーを通貨とするいちかばちかのゲームであり、破産は死を意味する」。夜明けから日没まで狩りをしたり、ひたすら木の実を摘んだりするのはつらいし、疲れてうんざりするはずだ。人間は空腹を満たすという目的だけで、そんな苦行に耐えられるのだろうか？

ランニングが趣味のライクレンは、やがてランナーズハイについて考え始めた。なぜランナーズハイが起こるのか、その理由を解明した者はまだ誰もいなかった。

ひょっとしたら、あれは長距離を走っているときに体に生じる偶然の副次効果などではなく、持久力を発揮すると報酬が得られる仕組みになっているのでは？　人類は進化の過程において、快感をもたらす脳内化学物質の働きを利用し、持久性運動によって満足感を得られるようになったということだろうか？

ライクレンは思いをめぐらせた。原始人たちは飢死を避けるために狩りで走りながら、

高揚感を覚えていたのではないだろうか。そのときの神経的作用には、痛みを緩和し、快楽をもたらすという、ふたつの効果があるはずだとライクレンは考えた。

それまで、ランナーズハイはエンドルフィンの作用によるものと推測され、高強度運動はエンドルフィンの分泌を引き起こすことが研究でも明らかになっていた。だがライクレンの頭にあったのは、内因性カンナビノイドという、もうひとつの脳内化学物質の関連性だった。

内因性カンナビノイドには、大麻やマリファナのように苦痛を緩和し、気分を向上させる作用があり、ライクレンの想定する肉体労働への報酬の要件を満たしている。大麻の効果の多くは、心配ごとやストレスがきゅうに頭から消える、苦痛が和らぐ、時間の流れがゆっくりになる、感覚が鋭敏になるなど、運動によって生じる高揚感の描写と一致している。

それまでの研究でも、運動がそのような脳内化学物質の分泌を引き起こす可能性は指摘されていたが、ランニングの最中にそうした現象が起こることを実証した例はまだなかった。そこで、ライクレンは定期的に走っている人たちを集め、トレッドミルを用いた実験でさまざまな強度のトレーニングを実施した。

トレーニングの前後には参加者たちの採血をおこない、内因性カンナビノイドの血中濃度を調べた。30分間のウォーキングをした場合、効果は表れなかった。全速力で走った場合も、効果はなかった。ところがジョギングの場合、参加者の内因性カンナビノイドの血

中濃度は3倍も上昇した。それだけでなく、参加者たちはハイな気分になったと報告した。ライクレンの勘は的中した。ランナーズハイは快感をもたらすのだ。

20分の「ややきつい運動」でハイになる

ジョギングによって内因性カンナビノイド値が上昇したいっぽうで、なぜウォーキングや全速力のランニングの場合は上昇しなかったのだろう？　ライクレンは、２００万年前の狩猟採集活動と同じ程度の運動をおこなったときに、脳は私たちに報酬を与えるのではないかと考えている。

もし本当にそうなら、狩りをして獲物の肉をあさるほかの動物たちも、自然選択によって、脳が報酬を与えるように進化したはずだ。たとえばイヌ科の動物たちは、獲物を追って長距離を移動できるように進化した。

そこでライクレンは、実験でペットの犬たちをトレッドミルで走らせ、ハイな状態になるかを調べた（研究対象としてはオオカミのほうが適切だが、犬のほうが言うことを聞いてくれる）。比較群には、イタチを品種改良したフェレットを用いた。野生のイタチは夜行性で、巣穴で眠っている小さな哺乳動物を捕まえるほか、ヒキガエルや野鳥の卵など、逃げ足の遅いものや動かないものを食べる。

持久性運動をしないイタチには、自然選択によって報酬が与えられる理由はないはずだ

——そして、結果はまさにそのとおりだった。トレッドミルで30分間のジョギングをさせると、犬たちの内因性カンナビノイドの血中濃度は上昇したが、フェレットの場合は、時速3キロで走ったにもかかわらず、上昇は見られなかった。

以上のことは、趣味で運動をしている現代人にはどう当てはまるのだろう?

まず言えるのは、ランナーズハイを引き起こすカギは、走る行為そのものではなく、中強度の運動を継続することにある。実際に数々の研究でも、サイクリングや、トレッドミルの傾斜面でのウォーキングや、ハイキングなどをした場合も、内因性カンナビノイド値が上昇することがわかっている。高揚感を味わうためには、それなりの時間と努力を費やす必要があるのだ。

継続した動きによって心拍数が上昇する運動なら、どんな運動であれ、がんばったごほうびをもらえる。運動がもたらす高揚感を味わうには、なにをすべきかという客観的な達成基準もなければ、必要な速度や距離も決まっていない。ただし、自分にとってややきつい運動を20分は続ける必要がある。**ランナーズハイは走ることではなく、持久力を発揮することで得られる**からだ。

脳卒中からの回復

ジョディ・ベンダーは30歳の人事課長で、テキサス州オースティンにある近所の公園をしょっちゅう走っている。走っている彼女の姿を見たとき、おそらく最初に目につくのは右脚だろう。左脚とはちがって、右脚はタトゥーで覆われているのだ。

太ももの前側には、大きな翼を広げたペガサスがモノクロで描かれている。足首からひざにかけては、立派な巻き角と黄金のたてがみをもつ雄々しい青色のヤギが、真っ赤なポピーの花畑を背景に描かれ、右足首のそばにはお守りの〝幸運のウサギの足〟が彫られている。こんなふうにベンダーの右脚がタトゥーで埋め尽くされているのには、わけがあった。彼女は23歳のとき、脳卒中によって右脚の感覚が麻痺してしまったのだ。

そのとき、彼女は自宅にいた。首の痛みを温熱パッドで和らげようとしていたら、突然、奇妙な感覚に襲われた――頭蓋骨の左側に、ヘビが体をうねらせながら侵入してきたような感じだった。

立ち上がってみると、まっすぐに歩けないことに気づいた。まるで沈没船に乗っているみたいだった。何とかバスルームにたどりついたが、具合がひどく悪くなった。這うようにしてベッドに戻ったあと、彼女は意識を失った。

頭のなかでヘビがうごめいているような感覚は、血液が脳のまわりに滲みだしたせいだ

と、いまではベンダーも知っている。彼女は遺伝的に線維筋性異形成を発症しやすく、その影響で、血管がもろく傷つきやすい。それで首を伸ばしたときに、動脈が破れて脳卒中を起こしたのだ。

1週間後に撮影されたＭＲＩ画像を見ると、血液がたまった脳の左側にゴルフボール大の白いスポットがある。脳卒中のあと、彼女は右脚全体の感覚を失ってしまった――まるで右脚が永遠の眠りについたかのようだった。感覚が戻るかどうかは、医師たちにも確信がもてなかった。

1年後、ベンダーは歩けるようになったが、しょっちゅうつまずいて転んだ。脳卒中の再発リスクを減らすために抗凝血剤を服用していると、ケガをした場合、失血が止まらなくなる可能性がある。そのため、小さな事故でも危険につながる恐れがあった。

ところがある日、ベンダーは犬の散歩中にアパートメントの前で転倒してしまった。歩道にひっくり返った彼女は、すりむいた手のひらとひざから出血しているのを見た。もっと体の安定性と強度を高めなければ、と彼女は決心した。

医師たちからは、効果のほどはわからないと言われたが、ベンダーはもっと集中的な理学療法を受けることにした。初回のトレーニングでは、担当の理学療法士の指導のもと、山道の風景が描かれたバランスマシーンの上に立った。ところが台が回転したとたん、彼女は転げ落ちてしまった。

そこで、マラソンの好きな理学療法士は、トレッドミルで走ることによって平衡感覚が鍛えられるはずだと考えた。そのときのことをふり返って、ベンダーが言った。

「うそでしょ、と思いました。転んで顔を打ってしまいそうで」

理学療法士はベンダーが転ばないようにそばに立ち、ウォーキングとランニングを30秒ずつ交互にやってみましょう、と励ました。

「ランニングどころか、速歩きがやっとでした」ベンダーは語った。

理学療法を1か月続けたところ、トレッドミルで約1・6キロ走れるようになった。やがて2か月目が終了すると、こんどは5キロのランニングにチャレンジすることになった。そのときの写真を見ると、ベンダーは笑顔でまっすぐ前を見つめ、そのかたわらで理学療法士が応援している。

「完走できて、われながら本当に驚きました」ベンダーは私に言った。「まさかあそこまでやれるとは、思っていなかったんです」

脳卒中を起こす以前の彼女は、走るなどまっぴらだった。

「走るのは大嫌いでした。たぶん、1キロ以上走ったこともなかったでしょう。それこそ、なにかやらかして逃げ出すときくらいですよ」

そんな彼女が、いまではほぼ毎日走っており、愛犬のクジョーと一緒に走ることも多い。自宅の棚にはランニングシューズがずらりと並んでいる。ランニングに出かける前に、ま

ず麻痺していない左足の靴下を履く。その感覚をよく思い出しながら、右足を見て、靴下をひっぱり上げる。スニーカーを履くときも同じようにやる。毎回、数分を要するが、そうしないと、右足にちゃんと靴下とシューズを履いたかどうか、自覚できないのだ。

「右足の感覚を失ってから意識が届かないせいで、マメがたくさんできてしまいます。右のシューズに小石が入ったまま何キロも走ってしまい、右足から血が出ているのを見て、ようやく気づくんです」

走っているとき、ふとこれまでの道のりをふり返っている自分に気づくことがあるという。

「たいてい長距離を走っていて、終わりに近づくころかな。以前の自分はどうだったか、どこからスタートしたかを思い出すんです。泣きながら走っていることもあります。私はすごく汗かきだから、たぶん誰も気づかないと思いますけど。あれはランナーズハイなのか、ここまでできるようになったことに感極まってのことなのか、よくわかりません。自分をとても誇りに思います。以前の私は、そんなふうに思えなかったのに」

ベンダーが走っている公園には、林を抜ける砂利道や、渡りにくい小川もある。全体的に起伏に富み、つまずきそうな岩が点在しているうえに、ヘビが出るので要注意だ。

「走っている途中で、地面を見なくなります。でこぼこのトレイルも、道ばたのどんぐりも、歩道の縁石も見なくなります。まっすぐ前、ずっと遠くを見つめて、一所懸命走るんです。そうすると、でこぼこの地面も縁石も、跳び越える自信が湧いてきます。そうなれ

ばもう、私なりに最高の走りができるんです」

「諦めなくなる」という副次効果

ベンダーが最近、テキサス州のビッグベンド国立公園で、夫とハイキングをしたときの経験を語ってくれた。ふたりは3日間、重い荷物を背負って約24キロの山道を歩き続けた。以前、バランスマシーンでまっすぐに立つこともできなかったころには、とうてい不可能に思えたことだ。ハイキング旅行のあいだ、ベンダーは何度か転んだ。

「暑いし、つらいし、あちこち痛くなりました。水もほとんど飲み干してしまって」ベンダーは語った。

「でも、やりとげた瞬間、つらかったことなんて忘れてしまうんです。覚えているのは、最後の瞬間にこう思ったこと——やった！　必ずやってみせると言ったものの、思っていた以上につらかった。でも諦めずにやりとげることができて、最高にうれしい」

このように、運動による高揚感を味わうためには持久力がカギとなるが、これを因果関係でとらえるのは適切ではないだろう。私たちが諦めずにがんばるのは、脳内化学物質の作用でハイになるためではないからだ。

自然選択が人間に授けたのは、目標を追い求め、つらいときも諦めないための仕組みだ。ランナーズハイは、私たちを大きな目標へ向かわせるための一時的な報酬にすぎない。多

くの人は、諦めずにがんばる経験をすることで、つらい瞬間にも意味を見出し、やりがいを感じる。あまり注目されてはいないが、それこそが持久力がもたらす高揚感にともなう、もっとも持続的な副次効果であり、自分はつらいときも諦めずにがんばれる人間だ、と思えるようになる。

脳卒中から7年経った現在、ジョディ・ベンダーもまさに自分のことをそう思っている。自信がついたのはランニングのおかげが大きい、と彼女は言う。

「いまの私は、自分がどんな人間か知っています。以前はわかっていなかったのです」

「最低の気分」を味わう実験

神経科学では内因性カンナビノイドを〝楽天的な〟化学物質とも呼ぶことは、運動によって高揚感が生じるとき、脳内ではどんな現象が起きているかを知るための手がかりになる。

扁桃体や前頭前皮質など、ストレス反応をつかさどる脳の領域には、内因性カンナビノイドの受容体が数多く存在する。内因性カンナビノイドの分子が受容体と結合すると、不安が緩和され、充足感が得られる。また内因性カンナビノイドは報酬系のドーパミンを増やすため、楽観的な気分になる。

ランニングを愛するイギリス人ジャーナリスト、アダーナン・フィンは、つぎのように

述べている。

「脳内で化学物質が分泌されるだけで、長距離を走ったあとは、世界はすべてうまくいっているような気分になる」

内因性カンナビノイドの作用を理解するもうひとつの方法は、それが阻害された場合にどうなるかを観察することだ。現在は禁止されている抗肥満薬リモナバンは、内因性カンナビノイド受容体を阻害することによって、食欲を抑制する効果がある。

この薬剤の臨床実験では、不安症やうつ病の発症が急増したほか、4件の自殺が報告された。こうした精神面への悪影響が広範かつ深刻だったため、リモナバンはヨーロッパ市場から回収され、アメリカでは販売許可が下りなかった。

ドキュメンタリー番組「ヴァイス」（ＶＩＣＥ）のレポーターで薬理学研究者のハミルトン・モリスは、リモナバンを使用して無謀な実験をおこなった。いわば大麻によるハイと正反対の状態になったら、どんな気分になるかを確かめることにしたのだ。リモナバンを60ミリグラム服用したモリスは、こう述べている。

「こんなにひどい最低な気分を味わったのは、生まれて初めてだ」

彼は不安と吐き気に悩まされ、突然、わけもなく涙があふれそうになった。実験終了後、気分がすっかりよくなったモリスのようすは、ランナーズハイとまちがいそうなほどだ。

モリスはつぎのように記している。

「脳内化学物質のおかげで、とたんに信じられないほどの多幸感が押し寄せた。僕はひと

晩じゅう街を歩きながら、晴れやかな明るい気分になって、見知らぬ人たちとハイタッチをしたくなった」

いまでもリモナバンは科学研究のために製造される場合がある。ランニングホイールで走るのが好きなマウスにこの薬を投与すると、運動量が激減する。また内因性カンナビノイドを阻害すると、不安を緩和し、疼痛《とうつう》耐性を高めるという、ランナーズハイのふたつの効果が表れなくなる。

通常、マウスは新しい環境を恐れるが、ランニングホイールで走ったあとは、きゅうに暗い箱のなかに入れられても、あまり怖気づいたようすを見せなくなる。また、熱いプレートに載せられても、ジャンプしたり後ろ足をなめたりするなど、体の不快感を示す行動をあまり取らなくなる。

ところが、マウスたちがホイールで走る前に、リモナバンと同様の薬剤を注射した場合は、そうした効果は表れなかったどころか、ホイールで走らなかったラットたちと同様に、暗い箱のなかで怖がったり、プレートを熱がったりした。

以上の研究結果は、ランニングの効果は内因性カンナビノイドの作用によって表れるという科学的根拠を示すものだ。さらに、私たちの日常の運動がもたらす心理的効果についても、興味深い可能性を示している。

運動による高揚感を味わっているときは、自分でもはっきりと自覚できるが、脳内化学物質の作用が日常生活にどのような影響をおよぼすかまでは、あまり気づいていないかもしれない。

日常経験国民調査（ＮＳＤＥ）では、アメリカの33歳から84歳までの２０００名以上の成人を対象に、身体活動と気分について8日間の記録調査を実施した。

担当者たちは毎晩、各参加者に電話して、その日もっともストレスを感じたできごとをたずねた。すると、参加者たちが活動的な1日を過ごした場合は、職場のトラブルや病気の子どもの世話など、強いストレスを感じることがあっても、精神的にそれほど大きな負担を感じなかったことがわかった。

その他の実験においても、重度の不安や、激しい鼓動や、息切れなどの症状を引き起こす、ＣＣＫ－４という薬剤によって誘発されるパニック発作は、運動をすると起きにくくなることがわかっている。

ＣＣＫ－４を投与される前に30分間の運動をした場合は、ロラゼパムなどのベンゾジアゼピン系抗不安薬と同等の効果が表れるいっぽう、副作用の鎮静効果は見られなかった。つまり、不安を引き起こす薬剤を血流に注入されても、運動にはその影響を打ち消す効果があるということだ。

私は朝型ではないけれど、がんばってベッドから這い出し、ぼうっとしたままキッチンへ行ってコーヒーを飲み、まずは運動をするようになった。これは私なりのサバイバル戦

略なのだ――エクササイズを終えたあとの、勇敢で、楽天的で、どんなことにも立ち向かえる自分になってから、1日を始めたいから。

「人付き合いへの不安」を緩和する

シアトル在住の37歳の診療看護師、ニキ・フレマーは、ジムのトレッドミルで毎日5キロ走っていた。いつもひとりで同じトレーニングをするのに飽きてきたころ、地元のジムにランニングとローイング〔ボート競技〕のグループレッスンがあることを知った。

「すごくきつそうで、ついていけるかどうか不安でした」

当時を思い出して、フレマーは語った。だが、そのころは私生活で行き詰っていたこともあり、とりあえず見学することにした。

グループレッスンでは、各自が自分にとってややきついペースのトレーニングに取り組んでいた。1マイル〔約1・6キロ〕を7分で走る人もいれば、15分で歩く人もいる。

同じ内容をこなすにしても、グループのトレーニングには、自分のようにひとりでこなすのとはべつの意味合いがあるように思えて、フレマーは感激した。誰もがグループ全体の目標に向かって、自分のためだけでなく、互いを励まし合うためにがんばっているのだ。

フレマーがグループレッスンでいちばん好きなのは、コーチがラストスパートの合図をかける瞬間だ。彼女はとなりのトレッドミルの人に声をかける。「さあ、行こう！」

「12人が全力でがんばっている姿を見ると、すごく感動して、涙ぐんでしまうこともあります」

ジムの壁は鏡張りになっていて、フレマーは先日、トレーニング中に後ろのトレッドミルの男性と目が合った。

「お互いに励ましのジェスチャーを送り合って、たしかな絆を感じた瞬間でした。思わず、感謝の気持ちが湧いてきました。その人のやさしさにも、トレーニングに励む姿にも、人間同士のつながる力にも、感謝したくなりました」

レッスンが終わったあとも、まだ温かい気持ちに包まれている。

「人前でもいつもより堂々とふるまって、相手と目を合わせて、積極的に交流できるんです」フレマーは私に語った。

「そうすると、誰もがつながりを求めているのだと感じます。認めない人もいるでしょうが、誰だって、笑顔を向けられたらうれしいはずです」

運動をして汗をかくことで人付き合いにも自信がもてるとは、驚くべき副次効果にも思えるが、ランナーズハイに関連する脳内化学物質の作用によって、人はつながりやすくなるのだ。

内因性カンナビノイドの作用に関する２０１７年のレビューでは、気分を高揚させる効果の高い３つの要因が明らかになった。すなわち、大麻中毒、運動、社会的つながりだ。

いっぽう、内因性カンナビノイドの血中濃度が低くなると表れやすい精神状態は、大麻

の離脱症状、不安症、孤独の3つである。内因性カンナビノイドには、不安が和らぎ、明るい気分になるだけでなく、人とのつながりを感じやすくなる効果がある。

内因性カンナビノイドの血中濃度が高くなると、人と一緒にいることが楽しくなるだけでなく、交流の妨げとなる社交不安が緩和される。そして、内因性カンナビノイドの作用が阻害されると、ランナーズハイを経験できなくなるのと同じように、人と交流する意欲や能力が削がれてしまうのだ。

実験でラットたちに内因性カンナビノイド阻害薬を投与すると、ラットたちは仲間との交流に興味を示さなくなる。ラットよりも小型のマウスで同じ実験をした場合、母親が生まれたばかりの子どもを育児放棄《ネグレクト》したりする。

それとは正反対に、ランナーズハイは人とのつながりを促進する。実際に私が多くの人から聞いたように、ランニングは友人や家族とのつながりを深める機会としても活用されている。

「分かち合う集団」が生き残る

内因性カンナビノイドと社会的つながりの関連性を示す研究事例を見つけたとき、私が思い出したのは、人類学者のハーマン・ポンツァーから聞いた、原始人がどのように環境変化に適応したかについての話だった。原始人が生き残るのに役立ったのは走る能力だけ

ではない、とポンツァーは確信していた。

「狩猟採集生活の端緒となった画期的な行動をひとつ挙げるとすれば、それは分かち合いです」

狩猟採集活動は、現代のハヅァ族の場合であれ、数百万年前の原始人たちの場合であれ、労働の分担である。集団のなかで狩猟に出る者たちもいれば、もっと手堅く、木の実などを集める者たちもいる。ポンツァーは語った。

「1日の終わりには、みんなの収穫物を集めて、全員にきちんと食べ物が行きわたるように分けるのです」

分かち合いが上手な集団は、生き残る可能性が高まった。そのため人体は自然選択によって、長い下肢骨などの持久力の強化につながる特徴に加えて、集団内の協力に役立つ特徴も備えるようになった。人間の白目が大きいのはそのためで、アイコンタクトによるコミュニケーションがしやすくなっている。

適応のもうひとつの例は、分かち合いや協力によって生じる神経生物学的な報酬であり、ランナーズハイと非常によく似ている。協力し合うことで、報酬をつかさどる脳の領域が活性化すると、ドーパミン、エンドルフィン、内因性カンナビノイドなど、高揚感をもたらす脳内化学物質がいっきに分泌される。これを協力がもたらす高揚感と呼ぼう。共通の目的に向かって力を合わせることで、喜びや興奮を感じるのだ。

脳の画像検査では、互いに協力し合った相手の顔を見ると、脳の報酬系が活性化するこ

とが明らかになっている。進化の観点から言えば、これは信頼の基礎となる神経生物学的な反応であり、予測反応による高揚感でもある。ニキ・フレマーがグループレッスンに大きな喜びを感じる理由のひとつが、まさにここにある。彼女がジムに行って、前回のレッスンでハイタッチをしたり、励まし合ったりした相手の顔を見た瞬間、脳の報酬系が活性化するのだ。

ハヅァ族の人びとは、焚き火のまわりに集まって夜を過ごす。朝から晩まで、危険な狩りや手間のかかる採集に励んだあとの寛ぎのひとときだ。焚き火を囲むことで人びとのつながりが強まるのは、科学的にも明らかだ。温もりや、揺れる炎や、薪のはぜる音に包まれていると、私たちは人とつながる喜びを感じやすくなる。

そんなハヅァ族の夜の過ごし方について考えているうちに、私はふと思った。もしかしたら、ランナーズハイにも同様の効果があるのではないだろうか？　運動後の心地よさを味わっているとき、人は大切な人たちのことを思って、心が温かくなるのでは？　だから運動に励んだあとは、食卓を囲んでその日のことを語り合うのが、なおさらうれしく感じられるのではないだろうか。

内因性カンナビノイドが引き起こすランナーズハイの効果は、たんに狩猟や採集が楽しくなるだけではないはずだ、と私は考えた。ランナーズハイの効果で人とつながりやすくなるからこそ、収穫物を仲間たちと分け合うことに、満足感を覚えるのではないだろうか。

イタリアのローマ・ラ・サピエンツァ大学による実験は、運動がそのような効果をもたらす可能性を示唆している。

その実験でおこなわれた経済ゲームでは、参加者たちは共有の資金を積み立てるために、献金を求められる。各自の献金が増えるほど、全員が利益を得られる仕組みだ。すると実験の結果、参加者がゲームをする前に30分間の運動をした場合は、運動をしなかった場合にくらべて、献金額が大きいことがわかったのだ。

私は、ランナーズハイは人びとの協力とつながりを促進するという仮説を立て、人類学者のデイヴィッド・ライクレンに意見を求めた。ライクレンは、運動によって誘発された内因性カンナビノイドが、社会的な結束力を強める可能性はあると考えていた。そこで、誰かと一緒に運動したほうがひとりで運動した場合よりも、内因性カンナビノイドの血中濃度が高くなるかどうかを調べるため、ぜひ実験をしたいと考えていた。

だが、私がもっと興味をもっていたのは、もうひとつの可能性だった。活動的に過ごすことによって、協力がもたらす高揚感が高まり、チームワークや助け合いによる喜びがさらに大きくなるのではないだろうか？

やがて、そう考えたのは私が最初ではないことがわかった。ランナーズハイと協力がもたらす高揚感が合わさると、運動による充足感を上回る喜びが得られるのだ。ランナーたちは家族のようになり、コミュニティには思いやりがあふれ、人びとは仲間を見つける。

ランニングと社会事業を組み合わせた「グッドジム」

ニコレット・ウォレスは現在35歳、イギリスの国民保険サービス（NHS）の事務局で働いている。ある日、ロンドン南東部の街でみんなでランニングをしていたとき、突然の豪雨に襲われた。雨は夜半からの予報だったので、彼女はパーカーとキャップという軽装だったが、大雨をしのげるはずもなく、すぐに全身びしょ濡れになった。

そのとき、ウォレスはグッドジムのボランティア仲間と一緒に走っていた。グッドジムはロンドンを拠点とする団体で、ランニングと地域の社会事業を組み合わせた活動をおこなっている。

グッドジムの創設者、イヴォ・ゴームリーは以前、ジムのトレッドミルで走っている人たちを見て、「何たるエネルギーの無駄遣いだ」と思っていた。そして、そのエネルギーをほかに活用する方法はないものかと模索していた。そこでゴームリーは、ロンドン市内の社会的に孤立した高齢者のもとへ、ボランティアのランナーたちを派遣した。

政府資料によれば、「テレビとペットしか友だちがいない」と語る高齢者は半数におよび、外出は1週間に1回未満の人が大半だという。イングランドおよびウェールズでは、友人や家族と1か月以上も話していない高齢者の数が20万人にのぼる。グッドジムにボランティアの訪問を依頼したある高齢者は、こう語った。

「実際に誰かと話せたら、どんなにうれしいか。私のお友だちは、テレビのなかの人だけだから」

訪問を受ける高齢者たちは「コーチ」と呼ばれる。行くべき場所と会うべき人（コーチ）を設定することで、ランナーたちのモチベーションを維持するのだ。

ランナーたちはコーチの家を定期的に訪問し、頼まれれば、電球の交換などの雑用も手助けする。そうやって何度も訪問を重ねていくうちに、本物の友情が育まれていく。

コーチが病気で入院したとき、お見舞いに訪れたのはグッドジムのランナーだけ、というケースもめずらしくない。退院時も、ランナーがコーチを自宅まで送っていくことが多い。ときには立場が逆転して、コーチがランナーのもとへ駆けつけることもある。

グッドジムの規模の拡大とともに活動の幅も広がり、ランナーだけでなくほかのボランティアの人たちも一緒に、地域のさまざまなプロジェクトに派遣されるようになった。

グループランでは毎回、最初にウォーミングアップをしながら、その日のミッションについて説明を受ける。それから目的地まで1・6キロから3・2キロほどの道のりを、みんなで会話ができる程度のペースで走っていく。しんがりに指名された人は、誰も置いていかれないように注意しながら、いちばん後ろを走る。さらに、グッドジムではウォーキングのグループを設け、走れない人や歩きたい人も参加できるようになった。

会場に到着すると、寄付の品々の仕分けや、草取りや、おもちゃライブラリーの整理整

頓などをする。最近、あるグループでは、地元のホームレスの人びとのためにミートソースのスパゲッティをつくり、宿泊所を用意した。

ウォレスたちのグループが走っている途中でずぶ濡れになったあの日、ゴールドスミス・コミュニティセンターでは、ボランティアの人たちが、木製のドアのペンキを塗りなおす前に、紙やすりを使って古いペンキを剥がしていた。ウォレスはやすりかけに夢中になり、びしょ濡れの冷たい服も湿ったスニーカーも、気にするひますらなかった。

雨上がりのあと、ランナーたちはもうすぐセンターで開催予定のクリスマスフェアのチラシを近所に配り歩いた。ホットワインやミンスパイを食べたり、買い物を楽しんだりする、クリスマスならではのイベントだ。チラシ配りから戻ったあとは、みんなで一緒にストレッチをして、こんど近所のパブでおこなう自分たちのクリスマスパーティーの打ち合わせをした。

グッドジムに参加する以前、ウォレスは健康のために2か月に1回走る程度だった。それがいまでは、グループの人たちと毎週走っている。

最近とくに楽しかった活動は、地元の大きなショッピングセンターの屋外の植木鉢に、みんなでチューリップや水仙やパンジーを植え込んだことだ。その後、祖母に会いに行くと、こう言われた。

「ルイシャム・ショッピングセンターに大きな鉢植えが並んでいるの、見た？」

運動が『孤独』を防ぐ

ウォレスには、近所でひとり暮らしをしている75歳のコーチの男性がいる。初めての訪問のときは、気に入ってもらえなかったらどうしよう、話題が見つからなかったらどうしよう、と心配だった。訪問は15分程度の予定だったが、身の上話から始まって、本の話をしたり、武術映画やドキュメンタリー番組「ブルー・プラネット」について語り合ったりしているうちに、1時間が過ぎていた。

「こんなに共通点があるなんて、思ってもみませんでした」ウォレスは私に言った。「ある日、彼に言ったんです。仲よくなれて本当にうれしいって。彼もうれしいよと言ってくれました」

いまではウォレス自身も驚くほど、地元のランニンググループの仲間たちとは強い絆で結ばれており、「グッドジム・ファミリー」と呼んでいる。グッドジムのことを知ったとき、ウォレスは日々の生活に行き詰っていた。10代の娘をもつシングルマザーで、職場の同僚以外に友人がほとんどいなかった彼女は、もっと本当の意味での仲間がほしい、と切実に思っていた。グッドジムの仲間たちと走り始めて1年たったとき、いまではこの仲間たちが自分にとってどれほど大切な存在であるかを実感し、ウォレスは胸がいっぱいになった。

「どんなときも頼りにできる仲間なんです」彼女は私に語った。「以前は、そういう仲間はいませんでした」

ウォレスの地元ルイシャムのランナー仲間は、こう語っている。グッドジムの創設時のミッションは、高齢者の社会的孤立をなくすことだったが、じつは自分たちボランティアのメンバーの多くも、グッドジムに参加するまでは同じように孤独だったのだ、と。グッドジムのおかげで、たまたま近所に住んでいた他人同士が、強い絆で結ばれた仲間になったのだ。

先日、グッドジムのハウンズロー地区のランナー、レミ・メイゼルは、連鎖球菌性咽頭炎からの回復中に、ツイッターに投稿した。

「今夜は@goodgymが助けに来てくれました！　病気で寝込んでしまい、グループランに参加できなくて本当に悲しかったのだけど、@GGHounslowがお見舞いに私の好物をもってきてくれたので、どうにかあと1日乗り切れそう。みんな、ありがとう」投稿された写真には、マカロニチーズボール、ホワイトチョコレートとラズベリーのマフィン、それにお見舞いのカードが添えられていた。

私はそのツイートを見て、人間はやはり食べ物を分け合うことで、仲間であることを本能的に実感するのだと思った。仲間の一員である彼女がちゃんと食事をとれるように、みんなで面倒をみたのだ。

ランナーズハイの進化が、このような人間らしい性質を引き出すのだとすれば、何と不

思議で素敵なことだろう。みんなで一緒に運動やボランティアをすることで、心身を育くむ友情を築けるとは、何てすばらしいことだろう。

ウルトラマラソンの走者、アミット・シェスは、ランナーズハイの状態を思い出してこう述べている。

「ヘレン・ケラーは言った。『この世でもっともすばらしく、もっとも美しいものは、目で見たり、手でふれたりすることはできません。それは、心で感じなければならないのです』。走っているときに感じる至福は、まさにそのひとつだ」

私はこれを読んで、彼が言っていることは、仲間同士の親しみがもたらす喜びにも当てはまるように思えた。

走ることと親しみとは、意外な組み合わせだ。なぜ私たちの脳は、運動と社会的なつながりをすんなりと結びつけるのだろう？　なぜランナーズハイが起きる仕組みは、協力をうながす脳の働きと密接にかかわっているのだろう？

理由はどうあれ、人間はそのように進化したのだ。私たちには自分のため、そして互いのために、粘り強く努力する能力が備わっている。食べるために獲物を追うときも、近所の人に用事を頼まれるときも、私たちは喜びを感じることができる。

そして体をよく動かす人ほど、感じる喜びは大きくなる。なぜなら、定期的な運動によって脳の構造は変化するが、そのひとつとして内因性カンナビノイドの結合部位が増大

するからだ。すると、内因性カンナビノイド系を活性化する快感に対して、脳がさらに敏感になるため、さらに喜びを感じやすくなる。その快感にはランナーズハイも含まれているのだ。運動をすればするほど楽しくなることも、これで説明がつくだろう。

　しかもその喜びには、分かち合い、協力、遊び、絆の形成など、社会的な喜びも含まれている。このように定期的な運動には、人とのつながりを感じやすくする効果があるようだ。相手が家族や友人であれ、知らない人であれ、自分から積極的に交流を図り、仲よくなって、親睦を深めたいと思うようになる。

　ランナーズハイが社会的孤立を防ぐ手段になるというのは、意外かもしれない。だが、原始人たちの餓死を防ぐのに役立った脳の仕組みが、現代社会の飢餓——すなわち孤独という窮地から、私たちを救ってくれるのだ。

　運動と社会的なつながりが結びついていることは、私たちが積極的に体を動かす理由であるとともに、人間が生きていくためには互いを必要とすることを、私たちに思い出させてくれる。

第2章 夢中になる

1960年代の終わりごろ、ニューヨーク市ブルックリンの精神科医、フレデリック・ベークランドは、定期的に運動する人びとを対象に睡眠研究をおこないたいと考えていた。前回の研究で、運動は安眠に役立つことがわかったので、こんどは運動をやめた場合、安眠が妨げられるかどうかを検証したかったのだ。そのためには、定期的に運動している人びとのなかから、研究のために30日間の運動禁止に同意してくれる人を見つける必要がある。問題は、そんな人は見つかりそうにないことだった。

そこで、ベークランドは通常よりも謝金をはずむことにした。のちに彼はこう記している。「多くの候補者、とくに毎日運動している人たちは、どれだけお金をくれると言われても運動はやめないと言い張った」

うまく丸め込まれて実験に参加した人びとは、よく眠れなくなっただけでなく、運動禁止による深刻な精神的苦痛を訴えた。

１９７０年に発表されたこの研究は、運動依存に関する初めての科学論文として広く知られている。以来、多くの研究によって、毎日運動をしている人たちは1日でも運動を休むと、不安や苛立ちを感じやすくなることがわかった。3日間運動しなかった場合にはうつ病の症状が表れ、1週間になると深刻な気分障害や不眠の症状が表れた。

ハンガリーの運動科学者、アッティラ・サボは、運動禁止実験の期間をそれ以上延ばしたところで「しかたない」と述べた。たとえ参加者が見つかったとしても、運動に熱心な人たちは依存症の人と同じで、ごまかしたり嘘をついたりするに決まっているというのだ。

依存症という比喩は、運動好きの人びとや研究者らのあいだでよく使われており、たしかにある程度の説得力がある。運動には気分をよくする効果があるが、これは大麻やコカインなどのドラッグの使用時と同じ神経伝達物質系の作用によるものだ。運動が大好きな人が、「麻薬中毒者が麻薬を欲しがるようなもの」だと言うのは、ハイな気分になれるのも魅力のひとつだからだろう。

また、運動愛好者は薬物依存によく見られるような特異な行動を見せる。アルコール依存症の人がお酒を見ただけでそわそわと落ち着かなくなるように、毎日運動している人は、トレーニングに関連するものに無意識に注意が向いてしまう。この現象は**注意の捕捉**と呼

ばれており、脳はつねに嗜癖《しへき》にひたる機会をうかがっていることがわかる。

神経画像検査では、さらに説得力のある類似点が見られる。たとえば〝運動中毒〟を自認する人は、トレーニングをしている人物の画像を見るだけで、欲求をつかさどる脳内神経回路が活性化する。それは喫煙者にタバコを見せたときに起こる現象とまったく同じだ。また運動愛好者のなかには、割合は少ないが、心理的依存の症状が表れる場合がある。そういう人たちは、つぎのような設問に対して「はい」と回答する。

「運動は私の人生でもっとも重要だ」

「私の運動量のことで、家族やパートナーともめたことがある」

ある研究では、46歳の長距離ランナーの女性が、足首の骨折を2年間も放置したまま走っていたことがわかった。骨折が治るまで走れないのがいやだったからだという。「では、どうしたら走らずにいられますか？」と訊かれた女性は、「足かせでもかけられたら、さすがに走れないだろうとは思いますが」と答えた。

これらの研究が示しているとおり、運動にはもっとも強力な習慣性薬物に匹敵するほど、人を夢中にさせる効果があるのだ。運動と依存症の類似点について考えることは、運動によって脳がどのように変化するかを理解するのに役立つ。また、運動量が増えるほど快感が大きくなることも説明がつくだろう。

しかし、運動と依存症をそのように結びつけるのにも限界がある。運動愛好者の多くは、健康や生活に支障をきたすほどの運動依存にはなっておらず、意欲や必要性を感じて熱心

に取り組みながら、運動とうまく付き合っている。運動と薬物乱用の相違点がはっきりと表れるのは、人びとが自分の好きな運動について、情熱をこめて語るときだ。運動に夢中になることは、やはり典型的な依存症とは異なるのだ。

運動が薬だとすれば、いちばんよく似ているのは抗うつ剤だろう。私自身を含め、運動に夢中になる人たちは、運動の中毒的な側面が好きなのではない。運動がもたらす脳の作用によって、運動と望ましい付き合い方ができるようになるのがうれしいのだ。

運動そのものが麻薬？

10年以上前から、科学者たちは運動と同じような効果をもたらす錠剤の開発に取り組んでいる。体を動かさずに、激しい運動をした場合と同様の生化学的反応が得られる薬を飲めばいい、というわけだ。誰もがこの試みを価値のある研究と思っているわけではない。生理学者のセオドア・ガーランド・ジュニアは、『ザ・ニューヨーカー』誌の記者に対してこう語っている。

「個人的には、運動のやる気を高める薬を開発するほうが、はるかに興味があります」

そう考えていた科学者は、ガーランドだけではなかった。運動生理学者のサミュエル・マルコーラは、人びとの活動性を高めるために向精神薬の使用を提唱している。マルコーラの考えるもっとも有望な候補は、カフェイン、モダフィニル（睡眠障害「ナルコレプシー」

の治療薬。覚醒効果で居眠りを防ぐ）、メチルフェニデート（アンフェタミン様《よう》の精神刺激薬）の3つで、神経伝達物質のドーパミンとノルアドレナリンに対する作用が高い。ドーパミンもノルアドレナリンも、本来は体を動かすことによって血中濃度が自然と高くなり、気分を高揚させる効果がある。

　マルコーラはさらに、運動による高揚感を促進するには、オピオイド系鎮痛薬（医療用麻薬）の使用も有効であろうと指摘した（「このアイデアを初めてある運動心理学者に話したとき、ぎょっとされたのをいまでも覚えている」とマルコーラは述べている）。

　こうした方法にあきれる人も、興味をもつ人もいるだろうが、私にはやりすぎに思える。このようなアプローチは、人間の脳には運動そのものを十分な報酬としてとらえる能力がないことを前提とし、向精神薬を用いて無理やり運動を好きにさせようとするものだ。

　しかし、この問題については研究によって明確な答えが出ているとおり、運動を習慣化するために向精神薬は必要ない。多くの意味において、運動そのものが麻薬《ドラッグ》だからだ。定期的な運動を続けていると、常習性の高い薬物と同じように、脳はその運動に対する嗜好や、欲求や、必要性を覚えるようになる。

　あらゆる中毒は脳の報酬系で始まり、アルコール、コカイン、ヘロイン、ニコチンなどの乱用薬物は、報酬系に同様の作用をおよぼす。薬物を最初に使用したとき、その人の脳内では、報酬の存在を知らせる神経伝達物質のドーパミンが大量に分泌される。ドーパミ

ンはその人の注意を引きつけ、大量分泌を引き起こす薬物を入手して服用するように仕向ける。

また乱用薬物のほとんどは、エンドルフィン、セロトニン、ノルアドレナリンなど、高揚感をもたらす脳内化学物質を増加させる。このように脳内化学物質の強力な相乗効果が生じるため、病みつきになってしまうのだ。

薬物の慢性使用は、いわゆる中毒の分子スイッチをオンにする。常習性の高い薬物に反復暴露すると、脳が経験から学習するのに役立つタンパク質が、報酬系の神経細胞に蓄積する。このタンパク質が、ドーパミンに反応する脳の神経細胞に長期的な変化を引き起こし、そもそもの発端である物質に対する反応性を高める。

たとえばコカイン常習者の場合は、コカインを使用できるチャンスが訪れたとたん、脳内でドーパミンが大量に分泌される。ヘロイン常習者の場合は、ヘロインを使用できると思ったとたんに、やはり同じ現象が起きる。このように薬物使用を繰り返すうちに、脳はその薬物をもっと欲しがるようになるのだ。

薬物に対する反応性が高くなった脳細胞は、ほかの報酬に対する反応性が低くなってしまう――奴隷として仕える主人を選んだのだ。ほかに魅力的なものがあっても、見向きもしない。コカインに暴露した報酬系は、手料理や美しい夕焼けよりもコカインを求める。

このように分子スイッチがオンになると、あらゆる中毒症状が表れる。自分が中毒になった物質をほかのなによりも欲しがり、なにを犠牲にしてもそれを手に入れようとし、

手に入らない場合は、離脱症状に苦しむ。神経学的な変化としては、一瞬の快感（気持ちがいい！）が恒常的な欲求（欲しい！）となり、ついに依存症（必要だ！）に至る。

運動嫌いでも「6週間」で夢中になる

コカインやアルコールや糖分の乱用によって脳に生じる変化は、数々の研究において観察されてきた。では、運動についてはどうなのだろう？

その答えは複雑だ。いくつかの点においては、運動は常習性の高い薬物によく似ている。常習性薬物と同様に、運動はドーパミン、ノルアドレナリン、内因性カンナビノイド、エンドルフィンなどの脳内化学物質の分泌を引き起こす。

ランニングの場合も、何度も繰り返すことによって、中毒の分子スイッチがオンになる。ラットを用いた研究では、ランニングホイールで1日10キロ、1か月間走らせたところ、ラットのドーパミン作用性の神経細胞には、コカインやモルヒネを毎日投与した場合と同様の効果が確認された。さらにラットは、依存症の人間と同じような行動を見せた。ラットたちをランニングホイールから24時間引き離したあと、また接近できるようにしたところ、夢中になって走り続けたのだ。

しかし、運動とコカインなどの薬物には重要なちがいがある。そのひとつはタイミングの問題だ。運動したあとも、薬物を使用したあとも、脳の報酬系には同じような変化が起

こるが、運動に夢中になるまでには多くの時間がかかる。ラットの実験の場合、ランニングホイールで2週間走らせただけでは分子スイッチはオンにならないが、6週間を過ぎると走る距離が日ごとに増え、脳の神経信号もラットが夢中になっていることを示すようになる。それと同様に、運動不足の成人が高強度のトレーニングを始めた場合も、だんだん楽しめるようになっていき、6週間後にもっとも楽しくなる。ジムの新規会員らを対象とした実験では、新しい運動習慣を定着させるには、週4回のトレーニングを6週間は継続する必要があることがわかった。

　このように習慣形成に時間がかかるのは、薬物乱用によって依存症になる場合とは異なる現象が、分子レベルで起きていることを示している。いっぽう、薬物は脳の報酬系をあっというまに乗っ取ってしまうのだ。

　ところが運動の場合、脳の報酬系が経験から学習する力は、もっと時間をかけて引き出される。ある女性はずっと運動嫌いだったが、本人も驚いたことに、40代でランニングとサイクリングが大好きになった。彼女は私にこう語った。

「変化はゆっくり起こるんです。自分のなかで変化が起きていることに気づかない場合もあります。いまはスニーカーを履いているときが、いちばんハッピーな気分です」

　新しい運動に初めて挑戦したときの感想が、もっと経験を積んだあとも変わらないとはかぎらない。多くの場合、運動は続けていくうちに楽しくなるものだ。体と脳が慣れていくにしたがって、だんだん楽しく感じるようになる。

最初の一歩を踏み出すこと

とにかく運動は苦手だ、と思い込んでいる人は多いが、運動の楽しさや喜びを感じないわけではないだろう。たんに運動量が足りないか、自分に合った運動が見つかっていないか、運動が楽しくなるような仲間に出会っていないだけかもしれない。タイミングよく、自分に合った運動や場所を見つけて、ある程度の運動量をこなせば、ずっと運動が苦手だった人でも、運動好きになることもある。

ペンシルベニア州ストウ在住のノラ・ヘイフェリーが、マラソン大会に初めて参加したのは50代半ばだった。現在62歳の彼女は、すでに85回のハーフマラソンを含む２００回以上の大会で完走を果たしている。

コネチカット州ウォーターベリーでおこなわれた、ヘイフェリーにとって75回目のハーフマラソンでは、大会の責任者からトロフィーが贈呈され、彼女を驚かせた――翼のはえた金色のスニーカーが、ヘイフェリーの名が刻まれた大理石の台座に鎮座しているのだ。そのトロフィーはいま、彼女の家のリビングのテーブルに置かれ、そのわきの棚には完走賞のメダルがずらりと並んでいる。

ヘイフェリーは速いランナーではない。

「大会のときはたいてい、スタートのピストルが鳴ってから、5分もしないうちに私のまわりには誰もいなくなって、最後までずっとひとりで走っています」

いちばん最後にゴールに到着するのもしょっちゅうだが、最後のほうのランナーたちには、沿道の人びとがとりわけ熱い声援を送ってくれることに、ヘイフェリーは気づいた。

「私はビリでいいんです、そうすれば、ほかの人がビリにならなくてすむでしょ」

彼女は、完走することにとことんこだわっている。ハリスバーグのハーフマラソン大会では、大雨で水たまりが足首の高さに達し、車が走行禁止になった。ヘイフェリーは最後にゴールに到着したが、彼女の年齢区分では1位を獲得した。ほかの人たちは全員、リタイアしたのだ。

ヘイフェリーは税理士で、最初は職場のトレッドミルでウォーキングを始めたが、すぐに屋内の運動には向いていないと気づいた。アウトドアで、しかも職場から離れたところで運動をしたいと思って探したところ、フォルクススポーツを見つけた。ドイツ語で、「人びとのスポーツ」という意味だ。フォルクススポーツは競技形式をとらず、屋外でウォーキング、ハイキング、サイクリング、水泳、クロスカントリースキーなどをする。大会開催中は、決められた時間枠内ならいつでも参加できるし、自分のペースを守りながら、自然の風景や仲間との交流を楽しめる。

彼女は全米各地で開催される10キロ競歩大会にも参加し始め、開催地までの旅も、人びととの交流も楽しんだ。やがて、もっと自分を鍛えようと思い、時間制限のある5キロ競

歩レースに挑戦することにした。

「エントリーしたときは、とても怖かったです」彼女は当時を思い出して語った。「身長１８０センチの20歳の若者たちにじろじろ見られて、『あんな太ったおばさんがここでなにしてるわけ？』なんて言われるんじゃないかと思って」

だがうれしいことに、それは杞憂だった。歓迎ムードのなか、ヘイフェリーは無事にレースを終え、はっと気づいた――私にもできるんだ。

さらにトレーニングを積んだ彼女は、「どんな感じか試してみよう」という軽い気持ちで、アラバマ州バーミングハムのハーフマラソンに競歩でエントリーした。驚いたことにそれも楽しめたので、ついにマラソンに挑戦することにした。

「10マイル「約16キロ」地点で、何でこれが楽しいなんて思ったんだろう、もう死にそう、と思ったことも何度もあります。そうかと思えば、絶好調のこともあるんです――気力も体力もみなぎって、必ずやりとげてみせる、という強い気持ちで。ゴールが見えてきたときは、もう最高の気分です」

記念すべき75回目のハーフマラソンを見事に完走したヘイフェリーは、１００回を目指す決心をした。

「大会に出るのは、喜びを味わえるから。61歳でこんなふうに思えるなんて、ありがたいことだと思います」

大会をなにかにたとえるとしたら、なにが思い浮かびますか、と私がたずねたところ、

ヘイフェリーは即答した。

「教会ですね。私なりに、この世界を祝福する方法だと思うから。青空の下で、みんなで世界を祝福しながら、自分たちに与えられたものに対して畏敬の念を抱き、感謝の気持ちで満たされます。教会の礼拝に似ていると思うんです」

しばらくして、彼女はつけ加えた。

「レイヴ・パーティーにも似ているかも。大会で走ったあとは、すべての人が愛おしくなって、そんな気持ちが1日じゅう続くこともあります。たとえば帰宅途中のコンビニで男性の店員さんからコーヒーを買って、『あのひと大好き』なんて思ったりする。私はドラッグはやったことはないけれど、きっとあんな感じじゃないかしら――世界はすべてうまくいっている、すべての人はすばらしい。20キロ走るだけであんな高揚感を味わえるなら、断然、やる価値がありますよ」

ヘイフェリーは元アルコール依存症患者だが、１９８８年以来、酒は飲んでいない。

「走ることが、私にとって最高のドラッグです」彼女は言った。「同じ効果があるのに、ずっと体にいいですからね」

ヘイフェリーは、まさか自分がマラソン大会に夢中になるとは思ってもみなかった。彼女が生まれたのは１９５７年で、１９７２年の教育改正法の第9編《タイトル・ナイン》、すなわち学校に対し、男女の児童に等しく運動の機会を与えることを規定した基本法が制定される前だった。ヘ

イフェリーは語った。

「私はいつも、『スポーツは女子がやるものじゃない』と思っていました。高校生のとき、もし誰かに、あなたはいつか競技会に出るようになる、なんて言われたら、頭がおかしいんじゃないかと思ったでしょう。スポーツなんてとんでもない、無理に決まっていると思っていました。それに、私は太っていましたから。世のなかに、自分の居場所なんかないように感じることもあって」

「でもあるとき、思ったんです――かまうもんか。やりたいことをやればいいんだ。自分で自分に限界をつくってどうする、って。50歳になると、他人の目を気にしなくなるんですよ。なぜ女だから、デブだから、運動しちゃいけないなんて思い込んで、何十年も無駄にしてしまったのか、いまとなっては理解できません」

　ヘイフェリーは、5キロマラソンに初挑戦したいと思っている人から、完走できるか心配だとか、自分なんかが参加していいのか迷ってしまう、といった声を聞くと、思い切ってやりましょう、と励ますことにしている。

「私自身が初めて5キロに挑戦したときのことを話します。すごく不安だったこと、でも思い切って挑戦したことで、文字どおり人生が変わったことを。なるべく私も一緒に走るから、と励ますようにしています」ヘイフェリーはさらに言葉を続けた。

「よくジョン・ビンガム〔作家、市民ランナー〕の名言を引用するんです。『ゴールしたことは奇跡ではない。スタートラインに立つ勇気をもてたことが奇跡なのだ』この言葉を読む

たびに、涙が出ます。最初の一歩を踏み出すために、ほんの少し勇気を出せたら、すべてが変わるんです」

プレジャー・グロス

ヘイフェリーは高速道路を車で走っているとき、以前参加した大会の開催地に近い出口に差しかかると、体じゅうが温かい幸福感で満たされる。

「走った当日の天気や、そのとき会った人たちのこと、ゴールしたときの気分を思い出すんです」

１９７６年、マラソンランナーのイアン・トンプソンは『ニューヨーク』誌においてこう述べている。「ランニングシューズを履こうと思っただけで、弾むような喜びが湧き上がってくる」

ヘイフェリーが高速道路の出口に反応するのも、トンプソンがランナーズハイの予感を覚えるのも、依存症と運動好きとのさらに興味深い類似点を示している。すなわち、科学者たちが「プレジャー・グロス」と呼ぶ、条件刺激による快楽だ。

きわめて楽しい状況で、同じ匂いや音、味、光景、感触などを何度も繰り返し経験すると、それらが心地よい経験として記憶にエンコードされる。やがてその感覚は——最初は何とも思わないか、むしろ不快だったとしても——非常に心地よいものとして、自動的に

脳で認識されるようになる。いったんこのような関連性が形成されると、ごくふつうの感覚刺激が最高の快楽となって、エンドルフィンとドーパミンの大量分泌を引き起こすのだ。たとえば、全米自動車競争協会（ＮＡＳＣＡＲ）のファンたちは、焼けたゴムの強烈な臭いが、平気になるどころか好きになってしまう。あるいは、親の手作りのお菓子を食べて育った子どもは、ミキサーの回転する音を聞くだけで、大切に守られ、愛されている感覚がよみがえってくる。

　依存症の場合は、感覚刺激が強烈な欲求や離脱症状を引き起こす場合がある。麻薬の道具を見ただけで、あるいは何度もハイになった場所と同じ匂いをかいだだけで、ドラッグを使用したい衝動に駆られてしまうのだ。

　精神科医のベンジャミン・キーシンの報告によれば、元ヘロイン常用者たちがニューヨーク州のシンシン刑務所で5年の刑期を終えて、ニューヨーク市内へ戻る途中、電車が地元の界隈を通過したとたんに、離脱の自発症状が起こった。

　運動愛好者たちも、プレジャー・グロスや条件刺激による欲求を感じると述べている。運動を連想させる五感の刺激に強い快感を覚えるため、自分の好きなスポーツの道具や場所といった刺激にふれたとたん、体を動かしたい衝動に駆られるのだ。

　私も知人たちに具体例をたずねてみたところ、匂いを挙げる人が多かった。たとえば屋内プールの塩素の匂いや、サッカー場の刈りたての芝生の匂い。乗馬好きの女性は、牧場の厩肥《きゅうひ》の匂いと答えた。

私が以前教えた男子学生は、自分のヨガマットの匂いをかぐと、脳の快楽回路が活性化するという。その学生に、いったいどんな匂いなのかと訊いてみると、答えは「ゴムっぽい化学的な匂い」だった。それこそ脳の働きによって、どんなものでもプレジャー・グロスになってしまう証拠だろう。

また、音に快楽を覚える人たちもいる。たとえば、リフティングの重いバーベルが落ちるときのガチャンという音や、テニスボールの缶を開けたときのポン！　という音、サイクリングシューズでペダルを踏みこむときのカチッという音などだ。

あるいは特定の物に快楽を覚える人たちもいる。たとえば、お気に入りのランニングシャツ（「これを着ると元気になれるんです」）や、ヨガラグ（「前の晩にこれをバッグに入れるときから、もう翌日のレッスンが楽しみで……このラグにふれると、たまらなくうれしくなるんです」）、心拍数モニター（「充電を始めただけで、わくわくします。いまだってもう、興奮して落ち着かない気分ですよ。これをもっていると、自信が湧いてくるんです」）

どのコメントも、運動に夢中になっていない人にとっては、奇妙に聞こえるにちがいない。それにしても、運動好きの人たちが自分のプレジャー・グロスはこれです、と即答するのには、私も驚いてしまった。以上の例は、運動に対する報酬がきわめて純粋であることを示している。脳がこのような突飛な関連性を形成するのは、強烈な喜びを感じたときだけだからだ。

「条件刺激」で運動欲求が高まる

私の場合、運動の快楽をたちまち呼び覚ますものは、ＶＨＳのビデオテープをビデオデッキに挿入するときの音と感触だ。

私がエアロビクスと出合ったきっかけは、小学校3年生のとき、母がガレージセールでホームエクササイズのビデオを買ってきたことだった。母が少しは運動をしようと思って自分用に買ったものだが、とうとうそんな日は訪れなかった。

思いがけず、はまったのは私だった。シンセサイザーの音楽と、みんなで動きをぴたりと合わせる振り付けに夢中になったのだ。

体育の授業や校庭では、私はもたもたして不器用で、運動能力がことごとく欠落しているようだった。ところが、エアロビクスに必要なものは、キックベースやシャトルランで求められるスキルとはまったく異なっていた。それは音楽に合わせて動く能力と、ほかの人の動きをまねする能力だ。

ビデオで練習するうちに、私にも得意な運動があったのだ、と思ってわくわくした。ボールはまともに取れないし、鉄棒で回転もできなくて、いつもくやしい思いをしていたのに、まるで別人みたいだった。

レッグリフトをしていると、〈ラジオ・シティ・ミュージックホール〉で見た華麗なダ

ンスカンパニー、「ザ・ロケッツ」のダンサーになった気分だった。以前、祖父が私と妹をクリスマスショーに連れていってくれたのだ。

その後、私は心理学者になり、音楽に合わせて動く能力や、ほかの人の動きに合わせて動く能力は、ともに共感と関連していることを学んだ。子どものころ、私は『狼とくらした少女ジュリー』（徳間書店）などの物語を夢中で読んでいた。また、お小遣いを貯めてユニセフの募金箱に寄付したあと、飢餓に苦しんでいる子どもたちのことを思って、夜も眠れなくなったりした。

自分のそういう性格がまさかエアロビクスの練習に役立つとは、予想外だった。キャリステニクス（自重《じじゅう》トレーニング）やダンスエアロビクスは、競技スポーツでは決して目覚めなかった私の身体能力を開花させてくれたのだ。

数年後、私のビデオコレクションは大量になり、テレビのある部屋の片隅で山積みになっていた。ビデオのエクササイズは日課となり、高校生になっても続けていた。練習を始める前、私はビデオの山からひとつを選んで、ケースから取り出す。デッキに挿入すると、テープが装置に収まるカチャッという小気味よい音に続いて、テープを露出させるために保護フラップをもち上げる音が聞こえる。ＦＢＩの著作権侵害警告メッセージが画面に流れるころには、私の脳細胞にはドーパミンがあふれていた。

いまはもうＶＨＳのビデオデッキはもっていないが、もしどこかで突然、昔のお気に入りのビデオが流れたら、私の脳はたちまちあのときの快楽を思い出し、ステップタッチを

待ちかまえて心臓がドキドキするにちがいない。

同じように条件反応が起きるとしても、運動愛好者と麻薬常用者とでは、そのときの気分がまったくちがう。運動愛好者の場合は、自分の運動習慣について葛藤を抱えていないからだろう。だから条件刺激によってうれしくなり、いつものように運動の欲求が高まっていく感覚を味わう。

このような感覚は、抑えがたい自己破壊的な衝動を引き起こすものではない。それどころか運動好きの人たちは、ありふれた音や、匂いや、ものを特別なものに感じさせるプレジャー・グロスの効果によって、その運動を始めて以来、自分の生活にどれだけよい影響が表れているかをあらためて実感する。私の友人は、自分のプレジャー・グロスについてこう語った。

「僕が15年かよっている道場には、独特の匂いがあるんだ。汗の匂いや、マットのゴムの匂い、あとはわけのわからない匂いが混ざった感じかな。旅行のあとで道場に顔を出すと、まるで久しぶりに故郷に帰ってきたような感覚を体で感じるんだ」

それを聞いて、私はある研究を思い出した――人は友人の顔を見ると、脳の報酬系が活性化される。ドーパミンが分泌されて喜びが押し寄せると、人との絆を深めやすくなるからだ。

運動愛好者たちが味わう感覚についても、それと同じことが言えるにちがいない。お気

に入りのTシャツのほつれた糸の感触、丸めたヨガマットを床に広げるときの音、バスケットボールのコートに足を踏み入れたときの、汗とワックスの混じった匂い――こうした感覚によって、体を動かす喜びは深まり、好きな運動に対する思いがますます強まっていく。

持久系アスリートには、元依存症患者が多い

2年前、私の夫はトライアスロンの練習を始めようと決心し、持久系スポーツに関する本を読んだり、ポッドキャストを聴いたりするようになった。彼がそのなかで興味深いと思ったことを話してくれたのだが、とりわけ印象的だったのは、持久系アスリートには元薬物依存症や元アルコール依存症の人が多いことだ。長距離を走ったときのランナーズハイをヘロインにたとえるような人たちにとっては、運動がドラッグの代用品になっているのかもしれない。

だが、別の考えがふと私の頭に浮かんだ。ひょっとしたら、運動には依存症によって引き起こされた神経損傷を治す効果があるのでは？

乱用薬物によって脳がその薬物への欲求を覚えるだけですむなら、問題はそれほど深刻ではないが、実際にはもっと破壊的な影響をおよぼす。その理由のひとつは、薬物のせいで異常に大量の快楽物質が分泌されると、脳が恒常性《ホメオスタシス》維持機構を働かせるためだ。つまり、

脳内化学物質のバランスを図るために、脳がドラッグの効果を打ち消そうとするのだ。

その方法のひとつが、快楽物質の効果を抑制する脳の反報酬系を活性化させることだ。最初のうちは、脳内のドーパミンやエンドルフィン濃度が急激に高まると、反報酬系がすぐに活性化される。浴槽のお湯があふれないように栓を抜くのと同じで、脳が異常な高揚感を減退させようとするのだ。

ところが、ドラッグの頻繁な使用によって、反報酬系がしょっちゅう活性化されていると、ドラッグを使用していないときでも、反報酬系が活性化されたままになってしまう。異常な高揚感に慣らされてしまった脳は、ほぼ恒常的な精神不安を生み出すことによって、喜びを感じられなくする。

また慢性的な薬物使用によって、脳内のドーパミン血中濃度が低下するとともに、報酬系のドーパミン受容体の利用率も低下する。どちらが低下しても、やる気が出ない、気分が落ち込む、反社会的になる、日常の喜びが感じられないなどの症状が表れる。神経科学では、これを依存症のダークサイドと呼んでいる。

運動による長期的効果と薬物乱用の最大の相違点は、ここにある。運動によって、ドーパミンやエンドルフィンなどの快楽物質が異常に急増することはない。コカインやヘロインなどの薬物は脳の報酬系の機能を損なうが、運動は報酬系を刺激するだけであり、まったく異なる長期適応が起こる。定期的な運動をした場合、脳の報酬系の活動は抑制されるどころか、むしろ促進されるのだ。そして薬物の場合とは正反対に、ドーパミンの血中濃

度およびドーパミン受容体の利用率が高くなる。つまり、運動の場合は快楽を感じる力がなくなるどころか、むしろ高まるのだ。

その結果、脳の報酬系が、食や美や人とのつながりなど、薬物以外の一般的な喜びに対して敏感に反応するようになることを考えれば、運動が薬物乱用の回復に効果的であるのもうなずける。

動物実験でも人間を対象とした実験でも、運動は大麻やニコチン、アルコール、モルフィネなどの乱用や渇望を減退させることがわかっている。あるランダム化比較試験では、覚醒剤の一種であるメタンフェタミンの乱用によって治療中の成人たちが、1時間のウォーキング、ジョギング、筋力トレーニングを週3回おこなうプログラムに参加した。8週間後、参加者たちの脳の報酬系では、ドーパミン受容体の利用率が増加していることがわかった。

「うつ病の治療法」としての運動

以上のような研究は、運動は反報酬系の働きを弱め、報酬系を元どおりに活性化させる効果があることを示している。そうした運動の効果は、常習性のある薬物よりも抗うつ剤によく似ている。

運動が報酬系におよぼす効果にもっともよく似ているのは依存症ではなく、うつ病の有

望な治療法である、継続的な脳深部刺激だろう。脳深部刺激を与えるには、患者の頭蓋骨にドリルで小さな穴を開け、内側前脳束《ないそくぜんのうそく》に電極を挿入する。その電極は、患者の胸壁に埋め込まれたパルス発生器に接続されている。

発生器は低レベルの電圧を継続的に脳の報酬系に送る。心拍数を一定に保つ心臓ペースメーカーの働きと同じようなものだ。脳の報酬系は、脳深部刺激によってゆるやかに再構築され、反応性が高まり、治療効果の見られない長期のうつ病を治す効果があることも、研究で明らかになっている。

25件のランダム化臨床試験をまとめたメタアナリシスは、大うつ病性障害の人びとに対し、運動はかなり有意な効果が認められると結論づけた。またアメリカ、イギリス、ブラジル、ドイツ、ノルウェー、デンマーク、ポルトガル、イタリア、スペイン、イランでおこなわれた13件の研究をまとめたレビューでは、抗うつ剤の投与に加えて運動をした場合は、抗うつ剤の投与のみの場合よりも、大幅な改善につながることが明らかになった。

運動は気分にさまざまな影響をもたらすが、なかでも運動が脳の報酬系におよぼす影響は、ほぼ確実に抗うつ作用につながっている。したがって、運動は自分でできる脳深部刺激と考えてもよいだろう。運動をしているとき、あなたは脳の報酬系に低レベル電圧を供給しているのだ。

報酬系の活性化による効果が表れるのは、うつ病の人や薬物乱用者だけではない。脳は加齢によっても変化するため、成人の場合は10年ごとに、報酬系のドーパミン受容体が13

パーセントも減少する。そのため日常の喜びを感じにくくなるが、運動にはこの減少を防ぐ効果があるのだ。

非活動的な高齢者とは異なり、活動的な高齢者たちの脳の報酬系は、何十歳も若い人たちの報酬系とほとんど変わらない。年齢が高くなるほど、運動と幸福感およびうつ病のリスク低減の関連性が高くなるのは、そのためでもある。さらに、若いころは運動嫌いだった人でも、なぜか歳を取ると運動したくなるのも理解できるだろう。

このように、運動によって高揚感をもたらす脳内化学物質は、ドラッグのように中毒的な快楽をもたらす場合もあれば、うつ病の強力な予防薬になる場合もある。

運動を楽しむための進化

１９９３年、生物学者のセオドア・ガーランド・ジュニアは、マウスの選択育種実験をおこなった（その25年後、彼は前述のとおり『ザ・ニューヨーカー』誌に対し、運動のやる気を高める薬を開発したかったと述べている）。ランニングホイールに近づけると、マウスたちは喜んで走ったが、ガーランドの目標は、ふつうのマウスよりも多くの距離を走る遺伝系列を生み出すことだった。

第１世代のマウスたちは、平均で１日４キロ走った。ガーランドの研究室では、平均以上の距離を走るマウスだけを選択して繁殖することで、走ることを好む何らかの遺伝因子

を強化させていった。

第15世代のマウスたちは、1日15キロも走るようになった（身長180センチの男性なら、1日270キロの走行距離に相当する）。「スーパーランナー」と呼ばれる選択育種の第29世代は、走る距離だけでなく速度も頻度も増え、ほとんど休憩を取らなかった。ランニングホイールにロックをかけると、苛立ったマウスたちは、動かないホイールの上で走ろうとしてもがいた。

ガーランドの研究は成功したわけだが、マウスのどのような生物学的特徴を利用したのだろう？　ひとつの可能性としては、スーパーランナーの体が走るのに適した構造に変化したことが考えられる。

実際、選択育種の世代が進むにつれて、スーパーランナーたちの体は、以前よりも大腿骨の左右の均整が取れ、筋細胞のエネルギー効率が向上するなど、顕著な身体的特徴が表れた。しかし、初期の世代にはそのような特徴はなかったのだから、マウスたちを走らせる何らかの動機があったはずだ。

じつは、ふつうのマウスとスーパーランナーのもっとも注目すべき相違点は、筋肉や骨格ではなく、脳の報酬系にある。スーパーランナーの中脳は物理的に大きく、したがって報酬系も大きい。さらに、報酬回路全体における遺伝子発現や神経伝達物質が通常とは異なる。そのため、スーパーランナーはほかのマウスにくらべて、すぐに走るのに夢中になる。運動量が少ないうちから、中毒の分子スイッチがオンになり、渇望や依存の兆候が表

れる。

まさに走るために生まれたこれらのマウスたちは、最適な体格ではなく、最適な脳をもっていたのだ。初期世代のスーパーランナーたちが受け継いだのは運動能力ではなく、運動を楽しむ能力だった。スーパーランナーの体格が脳の発達に追いついたのは、何世代もあとのことであり、走る欲望を満たすために、身体的特徴の変化が始まったのだ。

ガーランドのこの研究論文を読んだ私は考えた。現代人は人間版スーパーランナーなのだろうか？　自然選択は、一種の選択育種実験である。人類が進化するにつれ、努力する能力と意欲という生存優位性をもたらすゲノムが発達したのではないか、と主張する科学者たちもいる。

ランナーズハイや、運動に夢中になれる能力や、運動がもたらす精神的な効用など、運動が脳におよぼす効果はいずれも、すべての人間は（運動好きかどうかに関係なく）、遺伝的にはスーパーランナーである証拠なのだ。

とはいえ、人びとの運動量には明らかに個人差がある。運動量が多い人は、運動に夢中になりやすい脳をもっているのだろうか？　活動的な傾向は、少なくとも部分的には遺伝性であるという科学的根拠がある。

ある研究において、一緒に育った一卵性双生児たちと別々に育った一卵性双生児たちを比較したところ、運動に関連する差異の約50パーセントは遺伝によるものと推定された。

「どのくらい運動しているか」だけでなく、「どのくらい運動を楽しんでいるか」で見てみると、遺伝率推定値は12〜37パーセントに下落する。これは自尊心（22パーセント）、共感（27パーセント）、歯科嫌い（30パーセント）などの心理的特性の遺伝率と同じくらいだが、身長やくせ毛（ともに約80パーセント）などの身体的特徴の遺伝率とくらべると、かなり低い。

それでも、これらの数字が示しているのは遺伝的影響だ。実際、最近の大規模全ゲノム関連解析では、活動的になりやすいことを示すヒトの遺伝子バリアントが、何十種類も見つかっている。その一部は、代謝に影響する遺伝子や、脳機能に関連する遺伝子とのつながりがわかっているが、そのほかは謎のままだ——人の健康や行動を形成するうえでどんな役割を果たしているか、まだわかっていないものが多い。

「運動好き」は遺伝なのか？

私はチームスポーツが不得意で、子どものころはクラスで一番、走るのが遅かった。ところが、8歳のときにエアロビクスに夢中になって以来、いまでもグループエクササイズを教えているときほど楽しい時間はない。ふと私の頭に疑問が浮かんだ。ひょっとして、これも遺伝子のせいなのだろうか？

答えを突きとめるため、私は遺伝子検査会社の「23アンド・ミー」に検査キットを注文

した。試験管に自分の唾液を入れて、処理センターへ送付するのだ。やがて、メールで届いた標準報告書を読んだところ、運動習慣に関連するDNAが存在するという記述はなかった。

ところが、「生データ」という項目をクリックしたところ、23アンド・ミーが解析した、私のすべての遺伝子に関する情報を参照できることがわかった。そこで、運動に関連する遺伝子の識別子を一つずつ検索したところ、結果は矛盾していた。

たしかに、私は運動に関連する遺伝子バリアントの多くをもっていたが、それをどう解釈すればよいかわからなかった。私が見たかったのは、まさに〝動くために生まれた〟ような遺伝子プロファイルだったのだが、考えてみれば、それがどんなものか見当もつかなかった。

運動に関連する遺伝子バリアントは一般的であり、めずらしいものではなかった。運動は原始人の生存を左右する重要な要素だったため、そのための遺伝子バリアントは人類に広く受け継がれてきたのだ。

これ以上深掘りする前に、私は遺伝子検査の限界をしっかりと認識するべきだと思った。行動遺伝学は新しい分野であり、確立された科学ではない。手法はつねに進歩し、初期の研究結果は切り捨てられていく。これから先の研究で、運動に反応しやすい人の遺伝子バリアントが何百種類も発見される可能性もある。さらに、遺伝子だけがすべてを決めるわけではない。実験のマウスとはちがって、人間の運動には心理的、社会的、環境的にも多

くの要素が影響する。

もちろん、それは承知の上だった。私はそれでも自分の遺伝子プロファイルを調べずにはいられなかった。私がこれほど運動好きなのは、先天的な性質のせいにちがいないと信じていたからだ。私は動くために生まれたのだと以前から確信していたのには、もうひとつ理由があった。一卵性双生児の妹のジェインが、私と同じ遺伝子をもっているだけでなく、私と同じくらい運動に励んでいるからだ。

子どものころの写真を見ると、見分けがつかないほどそっくりだ。見分けるコツは、泣き虫っぽい表情のほうが私で、世界征服でも企んでいそうな面構えのほうが妹。

大人になっても、妹と私は似ている点が多い。ふたりとも「血」という言葉を聞いただけでぞっとして、思わず喉もとに手をやるし、ふたりとも大の甘党で、甘蔗糖の点滴だけでも生きていけそうだ。ニュージャージー郊外で育ったのに、いまはふたりともサンフランシスコのベイエリアに住んでいる。そしてふたりとも、22歳のときから付き合っている男性と結婚した。研究と執筆のキャリアにおいても、驚くほど似たような道のりを歩んできた。あなたの著作が大好きです、と言ってくれた人が、じつは私のことを妹と勘違いしていたこともめずらしくない。

さらに、私たちはふたりとも運動に励んでいる――睡眠や食事と同じように、運動は生活の一部だ。ジェインは長距離ランナーで、週に40キロから64キロは走っており、ハーフマラソンやフルマラソンを含め、1年で平均12回の大会に参加している。そんな調子だか

ら、お気に入りのランニングコースの近くを通りかかっただけで、「1週間、厩舎《きゅうしゃ》に閉じこもってた馬みたいな気分になる――前足のひづめで地面をかき鳴らして、外に出たい、ギャロップしたいよ、って訴えてるような。タクシーに乗っているときにセントラルパークを通りかかったりすると、車から飛び出して、6マイル［約9・6キロ］のコースを1周したくなるくらい」と言っている。

正直に言って、私は走ることに魅力を感じないので、妹がなぜあれほどランニングに打ち込めるのか、よくわからない。だがそれはお互いさまで、妹は私がグループエクササイズが大好きな理由がわからない。

「だって、上達が実感できなくない？」とジェインは言った。上達度が目に見えて測れないことに、時間をかけて打ち込む人間の気が知れないらしい。

「べつに上達しなくたっていいのよ」私は言い返した。「ただ楽しめばいいんだから」

ともかく、ふたりとも自分の好きな運動に打ち込んでいる。旅先でも、妹はランニングのコースを探し、参加できる大会を見つける。私はグループエクササイズのレッスンが受けられる、いいスタジオを探す。休日やイベントの際には、ジェインは夫や娘たちと一緒に5キロレースやハーフマラソンに参加し、私はダンスの公開レッスンを教えている。

私たちにとって、体を動かすことは人生を祝福することなのだ。それが私たちのいちば

ん〝双子らしい〟ところでもある。

そんな事例証拠を盾に、私はもういちど検査報告書を読み直し、運動に夢中になりやすい何らかの特徴が、ほかにも遺伝している可能性がないか突きとめようとした。その結果、答えはイエスだった。妹と私は、運動によってメンタルヘルスを維持しやすくなる遺伝的素因をもっていたのだ。

科学者たちは、運動がもたらす抗うつ効果や不安軽減効果に関連するいくつかの遺伝子バリアントが、複数の遺伝子に存在することを発見した。そのような遺伝子バリアントをひとつでももっている人は、定期的な運動による精神的な効用を受けやすくなる。たとえば、毎日少なくとも20分運動すれば、うつ病や自殺念慮のリスクが減少する効果が表れやすい。そして、さきほどの私の検査報告書データで、そのような遺伝子マーカーを探したところ、妹と私にはすべてそろっていることがわかったのだ。

私の胸は高鳴った。行動遺伝学は新しい科学にすぎないとしても、この結果を見て興奮せずにはいられなかった。私たちの遺伝子には特定のヌクレオチドが数多く存在するせいで、運動がメンタルヘルスにとってきわめて重要となっている可能性がある。

この発見を妹に知らせたところ、すぐに返信が届いた。

「すごいね！　何てすばらしい！」

本当にすばらしいことだ——運動はメンタルヘルスに効果があることも、脳と体が私たちを必要なものへと導いてくれたことも。とくにこの数年間の妹にとっては、これほどあ

りがたいことはなかった。彼女は30代前半で外傷性脳損傷を負ったあと、うつ病と自殺念慮に悩まされていた。そんな妹にとって、ランニングはメンタルヘルスのために自分でできる、もっとも効果的で確実な方法だった。

「抗うつ剤が効く人たちと同じように、私の場合はランニングが効果的なのよ」妹は言った。

「病気やケガでしばらく走れなかったあとで、久しぶりにランニングを再開すると、とたんに雲が切れて、太陽が輝きだすような感じがする。それでようやく人心地がつくの」

私の場合はうつ病ではなく不安症なのだが、やはり運動による効果を実感している。私は子どものころから、ずっと心配性だった。両親は私の気質を「繊細」とか「シャイ」などと婉曲に表現したが、幼いころの私の性格をもっと正確に表現するなら、「怖がり」だろう。

遊園地に行っても、すぐに「乗り物はこわいからもういい」と言い出すような子で、算数のテストや友だちの誕生日パーティーの前になると、お腹が痛くなった。核戦争の恐怖におびえて、うちには非常食になるガールスカウトクッキーが何日分あるだろう、と必死に数えたりした（1980年代前半のことだ）。

そんな性格になった理由を説明できるような、発端となるできごとがあったのだろうか、子ども時代になにかあったのか、と記憶を掘り起こしてみても、なにもない。どう考えても、生まれつきそういう性格だとしか思えないのだ。

私の脳は災難を予期しやすく、動揺しやすい。私の心理的傾向について、遺伝子による設定値《セットポイント》があるとすればどのあたりだろうと考えると、おそらく「厳戒態勢」と「極度の恐怖」の中間あたりだろう。

慢性的な不安が起こる理由としては、私と同じような人びとの場合、脳の恐怖神経回路が過活動状態になりやすいことが挙げられる。具体的なことで心配になるのではなく、「なにか変だ、なにか変だ」という警告がつねに聞こえてくるような状態だ。

恐怖神経回路が過活動になると、漠然とした不安が生じるため、脳は原因を突きとめようとして、あれこれと想像をめぐらしてしまう。私の脳も実際にそのような状態なのか確信はないが、自分の状態を観察するとよく似ている。そしてまちがいなく、運動は私が出合った最強の武器となっている。

週3回×6週間の運動で、不安が軽減

科学的研究も私の経験を裏付けている。運動を1回しただけでも、不安や抑うつ的反芻《はんすう》はただちに緩和されるが、その効果は定期的な運動によってさらに顕著になる。2017年の運動介入研究のメタアナリシスでは、運動は不安障害の有効な治療法となることが明らかになった。

私は8歳のとき、エアロビクスによって気分が明るくなる効果を初めて体験した。いま

では一般的な不安症の薬や抗うつ剤も、当時はまだなかったし、子どもがメンタルヘルスの治療やガイダンスを受けることもまれだった。「この子には精神面の健康管理が必要だ」などと思った人は、まわりに誰もいなかったはずだ。

　ところが偶然にも、私は生まれもった性質とうまく付き合うための方法を見つけた。この思いがけない発見には、心を励まされるものがある。運動能力に恵まれず、両親ともに運動もスポーツもしない家庭で育ったのに、私の脳が対処法を見つけてくれたのは幸運なことだった。私はいわゆるスーパーランナーではないが、この研究のおかげで、動くために生まれた人にもさまざまなタイプが存在することに気づいた。私の毎日の運動習慣は、気分が落ち着くよりも元気が出る効果があり、まさに不安症の治療法に最適なのだ。私は活動的に過ごしているほうが、よりよい自分になれるから、運動に夢中になれて心から感謝している。

　大学卒業後の夏、私は自分への卒業祝いとしてスポーツクラブに入会した。その週にクラブで開催されたフェアに行ってみると、水筒や無料招待券が当たる賞品ルーレットや、カイロプラクターによる姿勢分析などをやっていて、ウェイトルームの片隅には、超能力占いのコーナーもあった。ベンチプレスのとなりで、いったいどんなアドバイスがもらえるのか興味をもった私は、さっそく占ってもらうことにした。

　すると、超能力者の女性は私をひとめ見るなり、「カーディオキックボクシング［キック

ボクシングの動きを取り入れた有酸素運動」のレッスンをやってみたら?」と言った。

あの人には、私の血管を駆けめぐる不安が見えたのか——それとも私の顔に不安が貼りついていたのだろうか。当時、私はワンルームのアパートメントでひとり暮らしをしていた。そこに越してから1年、バッグには催涙スプレーを忍ばせ、帰宅時には部屋の鍵を握りしめていた。

あの人はたぶん超能力者ではなかったのだろうが、私には最高のアドバイスをくれた。キックボクシングのレッスンを受けたことで、私は変わったのだ。

夏が終わるころには、フックも、アッパーカットも、ジャブも打てるようになっていた。以前の私は不安になるとよく、こぶしをぎゅっと握りしめていたが、パンチを打っているときのこぶしの感覚は全然ちがうのだ。キックボクシングほどパワーがみなぎってくるエクササイズには、ほかに出合ったことがない。

それで、私はこう思うようになった——運動に病みつきになるのは、楽しいからだけではないはずだ。脳は運動がレジリエンスに結びつくことを、感覚的に理解するにちがいない。実際に、運動は脳の構造を変化させるのだから、副次効果として勇気が湧いてくるのも不思議ではない。新しい運動習慣によって脳の報酬系が活性化すると同時に、不安を制御する脳の領域も活性化するからだ。

ラットを使った研究では、ラットたちを21日間走らせたところ、恐怖反応やストレス反応をつかさどる脳幹と前頭前皮質に変化が表れ、ラットたちはより勇敢になり、ストレス

の多い状況にもうまく対応できるようになった。

人間の場合は、週3回の運動を6週間続けると、不安を軽減する脳の領域の神経結合が増える。また、定期的な運動によって神経系のデフォルト状態が調整されると、バランスがよくなり、闘争・逃走反応や恐怖反応が起こりにくくなることがわかっている。

さらに、運動の代謝副産物である乳酸は、一般的に、筋肉痛を引き起こすと誤解されているが、最新の研究は乳酸のメンタルヘルスに対する効果を示唆している。筋肉から分泌された乳酸は、体内の血管をめぐって脳にたどり着き、神経系統に作用して不安を緩和したり、うつ病を予防したりする効果があるのだ。

20年前の夏、私がキックボクシングにはまった瞬間――あるいはもっと昔、エアロビクスのビデオを初めてデッキに入れた瞬間に、私の脳は望ましい変化が始まったことを理解したにちがいない。私のＤＮＡの奥深くに潜んでいるものが、よいことが起こっているのに気づいて言ったのだ。

これだよ、ありがとう、この調子でがんばって！

「運動している脳」と「恋する脳」

ウィスコンシン大学マディソン校による実験では、ランニングホイールで走るのが好き

なマウスたちが走る機会を奪われたとき、脳内でどのような変化が起きるかを調べた。マウスたちは毎晩走っていたが、ある日、いつもの時間になる直前に、研究者たちは各マウスがランニングホイールに近づけないよう、通路を遮断した。走る気満々のマウスたちは、走れなくなった――あなたがトレーニングをしたくてうずうずしながらジムに行ったら、ドアは施錠され、電気も消えているのと同じだ。

そんな欲求不満を感じた瞬間、マウスたちは命を奪われた。研究者たちはマウスたちの脳をかき出し、灰白質をスライスし、染色して顕微鏡で調べた。すると、マウスが死んだ瞬間、マウスの脳では欲求が最高潮に達していたことが、化学的な証拠によって明らかになった。欲求、やる気、欲求不満に関連する脳の領域と同時に、走る動作をつかさどる領域がともに活性化していたのだ。

これはタバコを吸いたくてたまらない喫煙者が、タバコを吸えないときの状態と似ている。ホームシックでお母さんが恋しい子どもや、夫の亡きあと、ベッドの空っぽの片側を見つめている女性も、同じような状態だろう。

Addict（中毒者）という言葉はラテン語のaddictusに由来し、「献身的な」「束縛された」というふたつの意味がある。あらゆる献身的な関係は、恋人同士であれ親子であれ、一種の依存症であると考えた神経科学者たちもおり、熱烈な愛情によって起きる脳の反応と依存症によって起きる脳の反応には、共通点があると指摘した。

たとえば、失恋した若者が別れた恋人の写真を見ると、脳はただちに、コカインを欲し

がっている薬物中毒者の脳と同じような状態になる。また、赤ちゃんを見つめた瞬間に、母親の脳の報酬系が活性化するのは、ドラッグでハイになるのと似ていることもわかった。赤ちゃんの肌の匂いが引き起こす神経反応は、飢餓に対する反応とそっくりなのだ（この研究に関する記事の見出しで、私がとくに気に入っているのは、『デイリー・メール・オーストラリア』紙によるもの。「お母さんが赤ちゃんを食べちゃいたくなるのは、まったく正常」）。

しかし、愛情と薬物乱用を同列に語ろうとするのには、やはり無理がある。ある研究論文では、愛する人を恋しく思う気持ちを「離脱症状」に、再会を切望する気持ちを「再発」にたとえた。このような表現では、まるで脳の報酬系のおもな役割は人を中毒にさせることで、報酬系にかかわるものはすべて中毒効果を利用している、とでも言っているのと同じだ。

なぜそんなふうに、あらゆる献身的な感情は中毒に似ているなどと決めつけるのだろう？　進化論的観点から見れば、そのような考え方はおかしい。報酬系が存在するのは、コカインのためではない――報酬系に対するドラッグの作用が並外れて強いだけのことだ。

さらに進化論の話をするなら、脳の報酬系は太古の昔から存在する。あらゆる生物において、ドーパミンには摂食、繁殖、育児など、生存に欠かせない行為を動機づける作用がある。報酬系のおもな役割は、私たちを有害なものに依存させることではなく、必要なものへと向かわせることなのだ。

人間の場合、そこには他者も含まれる。あなたが恋に落ちたり、親になったりすると、

報酬系の作用で強い愛着が生まれ、好きな相手や子どもとずっと一緒にいたくなる。相手とのふれあいをとおして何度も喜びを味わううちに、あなたはその関係を好ましく思い、やがて欲求や必要性を感じるようになる。そして犠牲を払ってでも、その関係を維持しようとする。相手と離れているときは、すぐにでも会いたくてたまらなくなる。

それは破壊的な依存などではなく、コミットメント〔献身、専心〕のための神経生物学的なメカニズムだ。科学者たちが中毒にたとえる報酬系の反応は、強い絆を示すものでもある。

赤ちゃんを見た母親の脳にドーパミンが分泌されるのは、子どもと絆を結んで世話をする能力があるしるしだ。

幸福な結婚生活を長年続けている夫婦の場合、相手の姿を見たときにドーパミンが分泌されるのは、相手の幸福が自分の幸福にとって不可欠だと思っていることと関連がある。そして、夫や妻を亡くして悲嘆に暮れている人が、亡くなった相手の写真を見たときに、脳の報酬系がどれだけ活性化するかは、その人が相手をどれだけ恋しく思っているかと関連がある。

報酬系のおもな役割は、人を中毒にさせることではなく、専心させることだと考えたほうがより正確だろう。運動に夢中になるのも、まさにそのためだ。

そう考えると、好きなことに夢中になれる能力は、愛着を感じる傾向を反映している。運動は薬物のように習慣性があるだけでなく、自分にとってもっとも大切な人間関係を維

持するために、絆を結ぶ能力を発揮するのに役立つ。

これまで見てきたように、運動は破壊的な薬物とはちがって、報酬系の働きを損なうものではない。運動によって生じる脳の構造変化は、親になったときや恋をしたときと似ていることが、研究によって明らかになってきている。

たとえば、新生児の誕生から数か月間、親たちの脳では報酬系の灰白質が大きくなることがわかっている。増大の程度が大きいほど、親たちは子どものことを「かわいい」「非の打ちどころがない」と言い、自分たちのことを「恵まれている」と思うことがわかった。

このように神経学的変化によって報酬系が活性化するのは、運動習慣が身に付いたときに起こることとよく似ている。究極的には、誰かに親密な愛情を抱いたときに経験することと大差はないのだ。

定期的に運動をしていると、脳の作用で夢中になる能力が発揮されるおかげで、私たちは好きな運動に愛着を感じ、楽しみながら打ち込むことができる。そんなふうに運動と付き合っていくことは、私たちの人生を豊かにし、幸福に彩りを与えてくれる。

第3章 集団的な喜び

カナダ最古の歴史を誇るオタワ・ローイングクラブのマスターズ・ウィメンズ選抜チームのクルーたちは、仕事のあとに集まって練習する。チームワークは陸《おか》から始まり、みんなで8席の競漕艇を肩にかついで、カナダ楯状地《たてじょうち》の端に広がるオタワ川へと着水させる。ボートハウスを出て川へ向かっていくと、朽ちた木材や樹脂や使い込んだ道具の匂いが、やがて新鮮な空気や森の樹木の芳香へと移り変わっていく。

ボート競技では、漕手《そうしゅ》（クルー）たちは後ろ向きに座るため、進行方向を見ることができない。そこで頼りとなるのは、船尾に前向きに座った舵手《だしゅ》（コックス）による方向指示だ。各自が風の流れや、ボートや水の感覚、互いの動きを感じ取ることも重要だ。

コックス以外は口を利かない。8人のクルーがそれぞれブレードをもち、動きをぴたりと合わせて水をかく。息の合ったストロークのたびに、8本のブレードによって浮上したボートが跳ねる。川面《かわも》を滑走する瞬間、ボートの下で波の砕け散る音が聞こえる——たまらなく爽快な音で、クルーたちが「ローイング・コカイン」と呼ぶほどだ。

この一連の動きをなめらかにおこなうには、クルーたちの一糸乱れぬ動きが必要となる。リズムやストロークの振り幅がわずかに乱れただけで、ボートの推進力は妨げられてしまう。

「完璧な調和が起こります」50歳以上の女性チームのメンバー、キンバリー・ソッゲは語る。

「全員が互いの動きと水の動きを感じ取っているうちに、個の感覚があいまいになって、ひとつの生き物のようになります。クルー同士だけでなく、川ともひとつになるのです」

ときには練習の途中で、ボートをとめてまわりの景色に目をやり、深呼吸をして、耳を澄ませることもある。

「陽射しがさんさんと降りそそいで、水面と空の境界線が溶けてなくなって、みんなでリズムに乗っているうちに、人間同士の境界線もなくなってしまう——まさに究極の幸福です。天国がほかのどこかにあるなんて、信じられません」

そのような心境はローイングだけに特有のものではない。人びとが集まって、一体となって動くときには、いつでもどこでも経験することができる。行進やパレード、ダンス

のレッスン、ナイトクラブ。みんなでなわとびをしたり、公園で太極拳の練習をしたり、教会で体を揺らしながら歌ったりするときもそうだ。

1912年、フランスの社会学者エミール・デュルケームは、儀式や遊びや作業において、人びとが一体化して動くときに感じる自己超越的な高揚感を、「集合的沸騰」という造語で表現した。そのような一体化した動きによって、人びとは互いのつながりや、自分より大きな存在とのつながりを感じるのだとデュルケームは考えた。私たちが求めてやまない、このつながりの感覚を体験するには、みんなで動きを合わせることがもっとも効果的な方法のひとつなのだ。

集合的沸騰による喜びを考えれば、運動仲間やスポーツのチームを家族のように感じる理由も説明がつくし、運動を取り入れた社会運動が人びとの連帯感や希望を強める理由や、みんなで歩いたり走ったりすると元気が湧いてくる理由もわかるだろう。ランナーズハイと同様に、集合的沸騰によって喜びを感じる能力は、人間が生きていくために力を合わせる必要性に起因している。

さらに、一体化した動きによって高揚感を引き起こす脳の神経作用には、他人同士を結びつけ、信頼感を生む効果もある。みんなで一緒に体を動かすと一体感が強まるのは、そのせいなのだ。私たちは集団行動によって共通の目的を認識し、仲間と一緒に体を動かすことで、自分がどこに属するかを認識する。

集団的な喜びと「シンクロニー」

ブラジルのマラジョ島はアマゾン川の河口に位置する島だ。その島のソウレという村で、心理学専攻の大学院生、ブロンウィン・ターは、ペンションの真っ暗な部屋の蚊帳《かや》のなかで、汗ばみながら、まんじりともせずに横になっていた。疲れ切っていたが、時差ボケがひどくて眠れないのだ。薄い壁の向こうから、となり部屋の研究助手がぴしゃりと蚊をたたく音が聞こえる。どこか遠くから、太鼓の音が聞こえてくる。

興味を引かれたターは、ベッドから出て巻きスカートを身に着け、懐中電灯をもって外に出た。そして、でこぼこの砂利道を音のするほうへ進んでいった。肉料理の匂いや、樹にぶらさがったマンゴーの香りが漂ってくるが、人影はどこにもない。出くわしたのは、熟したマンゴーの香りにつられてやってきたバッファローたちだけだった。

しばらく歩いていくうちに、灯りのついた建物の前にやってきた。開け放たれた窓やドアから、音楽が鳴り響いている。ポルトガル語は「こんにちは《オラ》」しかしゃべれない彼女は、入口の近くでためらっていた。

すると、若い男性が彼女に気づいてにっこりと笑い、おいでよ、と手招きした。室内はカリンボという島の民族舞踊に興じる若者と大人たちであふれかえっていた。ドラムやフルートやギターの生演奏のなか、女性たちはペアになり、スカートのひだを両手でもって

回転しながら、輪になって踊っていた。

ターがぽつんと立っているのを見た女性が、彼女の手首をつかんで輪のなかへ引き入れた。ターは夢中になって相手の動きをまねしながら、踊りについていった。

やがて曲が終わると、ペアを組んで踊った相手の女性は、ターにお礼のおじぎをした。よそ者でも、ポルトガル語を話せなくても、そんなことは関係ないのだ。すっかり居心地がよくなったターは、それから何時間もみんなと踊った。

村を訪れた彼女にとって、それは思いがけず最高の歓迎となった。研究助手とともにはるばるマラジョ島にやってきた目的は、踊りがどのように人びとを結びつけるかを研究するためだったのだ。

ターがとくに興味をもっていたのは、人びとが集団で踊るときに感じる、一体感や自己超越の感覚だった。私がターにインタビューをしたとき、そういう感覚を一度も経験したことのない人に説明するとしたら、どう表現しますかとたずねたところ、彼女は言葉に詰まった。やがて、両手のひらと視線を上に向けた。

「ここから湧きあがってくるんですよ」

彼女はそう言って、心臓のあたりに手を当てた。

「内側から湧きあがってくるものが、外側へと広がっていく。自分という境界線が消えてしまうんです」

現代の研究者たちが「集団的な喜び」と呼ぶこの感覚こそ、私がグループエクササイズを愛する最大の理由だ。自分が教えるときも、生徒としてレッスンに参加するときも、この深い喜びを感じる。

けれどもターの言うとおり、これを説明するのは難しい。私が見つけた最適な説明は、心理学者やダンサーの言葉ではなく、イギリスの人類学者、アルフレッド・レジナルド・ラドクリフ＝ブラウンの言葉だ。彼は20世紀初頭、インド東部のベンガル湾のアンダマン諸島で先住民族を観察した。舞踊による儀式を頻繁におこなう民族で、ラドクリフ＝ブラウンがとりわけ感銘を受けたのは、その儀式がもたらす心理的効果だった。

> その男性の踊り手は、舞踊に没頭するうちに仲間と一体になって我を忘れる。やがて強烈な高揚感に包まれた彼は、尋常ならぬエネルギーと力に突き動かされ、自信に満ちて驚異的な舞踊をやりとげる。このような陶酔ともいうべき境地を味わいながら自尊心が頭をもたげることで、踊り手は力がみなぎって、自己の価値が高まったように感じる。それと同時に、躍り手はすべての仲間たちと恍惚とした完璧な調和でつながっており、仲間に対する親しみがいや増すのを感じる。

さらにラドクリフ＝ブラウンは、その儀式のある特徴にも言及している。それは**同調性**《シンクロニー》で、ブロンウィン・ターなどの心理学者が、集団的な喜びを生む重要な要素だと考えてい

るものだ。

アンダマン諸島の先住民たちは、男性のひとりが木製の共鳴板を踏んでリズムを取るのに合わせ、みんなで同じ単純なステップの舞踊をおどる。踊り手は途中で休むことがあっても、共鳴板を踏む者は、たゆみなくかかとを上げ下げし、リズムを刻み続ける。

ターはマラジョ島に滞在中、地元の高校生たちを対象に実験をおこなった。その目的は、音楽や、みんなで同じ場所で踊ることや、みんなで動きを合わせて踊ることがもたらす、心理的効果を解き明かすことだ。生徒たちは同じ場所で音楽に合わせて踊るのだが、決められたステップを踊るグループと、ばらばらに踊るグループに分けられた。

すると実験後、みんなでステップを合わせて踊ったグループのほうが、ばらばらに踊ったグループよりも、仲間意識が高まったことがわかった。

イギリスに帰国後、ターはサイレントディスコでもこの実験を繰り返した。見知らぬ他人同士が、ワイアレスヘッドフォンから聞こえてくる音楽に合わせて踊るのだ。するとやはり、みんなで同じステップを踊ったほうが、一緒に踊った人たちとのつながりを強く感じることがわかった。音楽も、体を激しく動かすことも、集団的な喜びを生み出す要素ではあるが、シンクロニーこそがもっとも重要なのだ。

エンドルフィンとヨガ

脳が産生する鎮痛剤ともいうべきエンドルフィンは、高揚感とともに他人同士のつながりを生む。それを知っていたターは、サイレントディスコで踊った人たちが、どれだけ痛みに耐えられるかも測定した（その方法は、参加者の上腕に血圧計カフを巻き、圧力に耐えられなくなるまでカフを膨らませること。そんなことで痛みを感じるのか疑問に思った私は、オンラインで血圧計カフを購入して自分で試してみた。疑問はたちまち解消された）。

すると、動きを合わせて踊った人たちは、痛みへの耐性がもっとも高いという結果が出た。ところが参加者たちに対し、事前にエンドルフィンの作用を阻害するナルトレキソンを１００ミリグラム投与した場合には、動きを合わせて踊っても、痛みへの耐性が高くなる効果は表れなかった。この結果によって、エンドルフィンは集団的な喜びを引き起こす一因であることが確認された。

エンドルフィンの分泌は激しい運動に関連していると思いがちだが、座ったままできるジェスチャーなどで穏やかに動きを合わせるだけでも、痛みへの耐性が高まり、他人同士のつながりを生むことが、ターの実験によって明らかになった。

これを体験できるひとつの例が、みんなで動きと呼吸をひとつに合わせるフローヨガのレッスンだ。呼吸が拍子となってポーズの流れを生み、全員の呼吸音が合わさることで、

十分な感覚フィードバックが得られる。

また舞踊やダンスと同じように、ヨガも社会的なつながりを生むことが研究で明らかになっている。ある実験では、見知らぬ人たちが一緒にヨガをしたところ、つながりや信頼感が生まれた。さらに、ヨガのあとで経済ゲームをした人たちは、動きを合わせないスポーツのあとで経済ゲームをした人たちよりも、互いによく協力することがわかった。

私はヨガのグループレッスンを何年も教えており、ヨガがもたらす一体感をまざまざと呼び起こすことができる。

２００１年9月12日、私はいつものヨガレッスンのためにスタジオへ向かいながら、レッスンに来る人はいるだろうか、と考えていた。前日の事件［アメリカ同時多発テロ事件］でみんな打ちのめされ、ひどく動揺していて、誰も来ないかもしれないとも思った。だが、生徒たちは時間どおりに現れて、ヨガマットを広げた。みんなふだんより口数が少なかった。ある女性は床に横たわって、リラクゼーションの姿勢を取ると、そのままレッスンが終わるまで起き上がらなかった。

私はみんなの前に立ち、いつものフローヨガをおこなった。みんなで毎週、何か月も練習してきたシークエンス［ヨガのポーズを数種類連続でおこなうこと］だ。私はなるべく言葉を控え、自分たちの体が覚えていることを頼みに導いていった。最初の太陽礼拝のポーズから立位《りつい》のポーズまで、全員で体の動きと呼吸を合わせていく。それぞれのポーズを取るたびに、私は繰り返し呼びかける。

「息を吸って。吐いて」

みんなで動きと呼吸を合わせていくうちに、いつもの魔法が起こった。だがあの日、エンドルフィンの分泌がもたらした効果は、ふだんとはちがっていた――それは高揚感ではなく、安堵だった。あの90分間、私たちは一体となった。90分間、誰も独りではなかった。それもまた、集団的な喜びのひとつのかたちであり、慰めだった。一人ひとりが感じていた恐怖や、混乱や、悲しみが、大きな存在によって受けとめられたことで、私たちはようやく息をつくことができたのだ。

自己と他者がひとつになる感覚

ブロンウィン・ターは集団的な喜びを言葉で表現したとき、自己と他者がひとつになる感覚を強調して「自分という境界線が消えてしまう」と述べた。キンバリー・ソッゲも、仲間たちとオタワ川でボートを漕ぐときの高揚感を同じような言葉で表現し、「個の感覚があいまいになって、ひとつの生き物のようになる」と述べた。

この境界線が消えてしまうという感覚は、集団的な喜びの大きな特徴のひとつだ。つながりという概念ではなく、つながっているという感覚を体感する。いわば脳が錯覚を起こして、自分の体を大きなものの一部として認識すると同時に、全体も感じ取れるような状態だ。

人びとが動きを合わせることでなぜこのような効果が生まれるのか、その仕組みをわかりやすく説明するため、ターは「義手の幻覚」という心理的トリックを用いる。

実験の参加者が席について、両手をテーブルの上に置いているとしよう。実験の担当者がその人の右腕を布などで覆ってひざの上に置き、そのかわりにゴム製の義手を置く。その人がテーブルの上を見たときに目に入るのは、自分の本物の左腕とゴム製の右腕だ。

つぎに担当者は、参加者の視界に入っている義手の右腕を絵筆でそっとなでると同時に、さきほど隠した本物の右腕も同じようになでる。本物の右腕は視界に入っていないが、感覚は生きている。

すると、脳にはふたつの感覚が同時に伝わる――義手が絵筆でなでられているのを視覚で確認すると同時に、本物の右腕が絵筆でなでられているのを触覚で感じる。このふたつの知覚の流れが、脳の感覚皮質に同時に到達することによって錯覚が生じ、義手を体の一部として感じるようになる。頭では偽物だとわかっているのに、義手を見て「これは自分の体の一部だ」と思ってしまう。思うだけではなく、感じるのだ。この錯覚は強烈で、担当者が義手をハサミで刺そうとすると、参加者は叫び声をあげ、弾かれたように席を立ってしまう。

人びとが動きを合わせることで一体感が生まれるのも、脳の同じ働きによるものだ。

あなたが動くと、体の動きを伝える情報が筋肉や関節や内耳から脳に伝わる。それと同時に、ほかの人たちも同じ動きをしているのが目に入る。これらの情報が同時に到着する

と、脳はそれを統合し、一体化した知覚として認識する。つまり、あなたが見ている他人の動作と、自分の体で感じている動作がつながることで、脳は他人の体をあなたの体の延長部分として認識する。こうした知覚の統合の度合いが高いほど、一緒に動いている人たちとのつながりを強く感じる。

神経科学者でダンサーでもあるアサフ・バハラハは、これを「一体感の運動感覚」と呼んでいる。この現象は一緒に動くモノにもおよぶ場合がある。たとえばカヤックの女子選手は、愛用のカヤックを自分の手足のように感じると語った。ヨットの男子選手も、愛用のヨットを自分の体の一部のように感じると言い、だからこそヨット選手たちはみな、自分のヨットに対する思い入れが強いと語った。

集団的自己は「パーソナルスペース」を広げる

集合的自己を認識すると、パーソナルスペースの感覚にも変化が表れる。パーソナルスペースとは体の周囲の空間のことで、他人に侵入されると不快に感じる心理的な縄張りでもある。

自己感覚が広がって、ほかのモノ（ゴム製の義手など）やほかの人たちが含まれるようになると、その人のパーソナルスペースの感覚にも変化が表れる。ブロンウィン・ターは、集団的な喜びの本質は拡大した自己感覚にあると述べているが、彼女が言っていることに

も当てはまる。

さらに、自分の居場所だと感じるスペースも拡大する。そのせいで自信がつき、人付き合いが楽になる場合もある。たとえば、ダンスパーティーやグループエクササイズのレッスンからの帰り道に、自分の世界が広がったように感じたり、自分の居場所があることを実感したりする。

弱冠22歳でグループエクササイズのインストラクターになれたのは、私にとってどれほど幸運なことだったか――その思いをかみしめたのは、一度や二度ではない。グループエクササイズを教えることで、私は初めて心からくつろぎ、受け入れてもらえる場所を手に入れたのだ。

スタジオに行けば、いつでもみんながうれしそうに迎えてくれた。レッスンの生徒たちほど私を慕ってくれ、仲よくなった人たちはいない。キャンパスや街なかでばったり会えば、みんな笑顔であいさつしてくれる。空港まで車で送ってもらったり、引っ越しを手伝ってもらったりしたこともある。あるいは私が生徒のプライベートな相談に乗ったことや、生徒にとって記念すべきお祝いを一緒にしたこともある。

グループエクササイズを教えながら、私は幾度となく、みんなに歓迎されていると感じた。それが私にとってどれほどすばらしい贈り物だったか、言葉にすらできないほどだ。自分には居場所があるという感覚は、私の生活のあらゆる面に影響をおよぼし、社交不安が緩和され、ストレスが強いときに孤立しがちな傾向も抑えられた。

生徒たちはなぜ私のいい部分を見てくれたのか――私がその理由を解き明かす神経科学を学んだのは、何年もあとのことだ。

リーダーのもとで人びとが動きを合わせると、仲間同士の信頼感が醸成される。こうしたシンクロニー（同調）による絆がもたらす恩恵をつねに受けるのは、ほかならぬインストラクター自身なのだ。スタジオの全員がインストラクターの姿を見て、その動きをまねする。つまり私の生徒たちも、何時間も私の動きをまねしてきたことによって、「この人は信頼できる」と体で感じたのだ。

このような信頼感は、ある意味、労せずして得たものだ。私は思いがけず、みんなから信頼を寄せられた。だがそのことは実際、私自身に大きな影響をもたらしたのだ。

人間関係に関する研究によって、信頼は自己成就的予言であることが明らかになっている。他人から信頼できると思われている人は、より寛大に、頼もしくふるまうようになる。それが信頼感の裏付けとなり、他人からますます信頼されるようになるのだ。

私は若いうちからグループエクササイズのインストラクターになったことで、たまたま社会的信頼の上昇スパイラルに乗ることができた。いまの自分があるのは、そのおかげだと思っている。誰かが肯定的な目で見てくれると、人は期待に応えて成長するものだ。まるで、最高の自分になれるという太鼓判をもらったかのように。

長い年月をかけて、私は生徒たちが思っているような人間になることができた――生徒

のことやコミュニティのことを心から気にかけ、みんなのために喜んで貢献する人に。もともと、私はそういう部分をもっていたのだと思う。だからこそ、グループエクササイズに惹かれたとも言えるだろう。

だが、もしインストラクターになっていなかったら、はたしてそういう部分が芽を出しただろうか？　はじめに生徒たちが私のことを肯定的に見てくれなかったら、はたして私は他人のよい部分に目を向ける人になっていただろうか？　集団的な喜びをこれほど享受できる立場は、本当に恵まれている。誰もがこんな経験をできますように、と願わずにはいられない。

「社会的グルーミング」と助け合い

２０１６年3月、カリフォルニア州グラスバレーの「クロスフィットジム」のオーナー、ブランドン・バージェロンは、ジムが入居する建物が売却されたという通知を受け取った。しかも即刻、立ち退きを迫られた。あまりのことに呆然としながら、バージェロンはジムの会員たちと連絡を取った――リフティングやスクワットをしながらともに汗を流した人たちは、コミュニティの仲間になっていた。

連絡を受けた会員たちは、ただちにピックアップトラック3台と運送業者のトラック１台を用意し、立ち退き作業の手伝いに駆けつけた。バージェロンは地元の『ザ・ユニオ

ン』紙の記者に語った。

「ジムの開設には3年もかかったのに、8時間できれいさっぱり片付いてしまいました」

集団的な喜びがもたらす効果には、高揚感や、恍惚とするような調和や、人類学者のラドクリフ＝ブラウンが指摘した親しみのほかに、協力という副次効果もある。みんなで動きを合わせることで信頼感が高まり、仲間同士の分かち合いや助け合いが促進されるのだ。

研究事例においても、参加者たちが足並みをそろえて歩いたり、音楽に合わせて足を踏み鳴らしたり、あるいはプラスチックのカップを左右同時に動かすゲームをしたりするだけでも、そのあとにおこなった経済ゲームで、参加者たちは積極的に協力し合い、みんなの利益のために自分の利益を犠牲にし、見知らぬ相手を助けようとすることがわかった。

このような効果は幼児にも表れる。ある実験では14か月の赤ちゃんたちに、音楽に合わせて〝高い高い〟をした。同時に、赤ちゃんと向かい合った実験担当者も一緒になって、体を上下に動かした。その後、担当者はマジックをわざと落としてみせた。その結果、担当者が赤ちゃんたちと一緒に体を動かした場合は、一緒に体を動かさなかった場合とくらべて、マジックを拾ってくれる子が多いことがわかった。

私たちは一緒に体を動かすとき、人間の基本的かつ原始的な本能によって強い結びつきを感じ、ともに動く仲間のために進んで協力しようとするのだ。人類学者たちは、それこそが集団的な喜びのもっとも重要な働きではないかと考えている。すなわち、協力をうながす社会的なつながりを強化することだ。

チンパンジーやヒヒやゴリラなどの霊長類も、互いの体からダニやノミを取ったり、泥や汚れを払ったり、毛玉をほぐしたりするが、そのような「社会的毛繕い《グルーミング》」との類似点を指摘する人類学者もいる。動物たちが互いに毛繕いをするおもな目的は、衛生面や外見のためではなく、絆を深めるためだ。互いにふれ合うことでエンドルフィンが分泌され、つながりが強まり、しっかりとした仲間意識が形成される。互いに毛繕いをする仲間たちは、積極的に食べものを分け合い、争いが起きたときは互いの味方をすることがわかっている。

また、霊長類だけでなく人間の場合も、エンドルフィンは見知らぬ他人同士のつながりを強化する効果がある。ほかの人たちと一緒にいるときにエンドルフィンが何度も分泌されると、その人たちは「拡大家族」になるのだ。人間にも「社会的グルーミング」の方法があり、私たちは一緒に笑ったり、歌ったり、踊ったり、物語を語ったりする（こうした社会的行動はまさにこの順番で人類史に登場したと、人類学者たちは考えている）。

このような活動はすべて、エンドルフィンの分泌を引き起こす。また、一緒に笑ったり、歌ったり、踊ったり、物語を語ったりするのは、大勢の人たちと一緒に同時にできることだ。このようなグループ形式の社会的グルーミングによって、時間をかけずに大きな社会的ネットワークを形成することが可能となる。社会的ネットワークが広範で多様性をもつほど、人間はたくましく成長できるのだから、これは喜ばしいことだ。

多くの文化圏において、人びととの社会的ネットワークは、内側から外側へ広がる5つの

輪《サークル》で表すことができる。

もっとも内側の第1サークルに含まれるのは、人生でいちばん大切なパートナーである1名だけ。

第2サークルに含まれるのは、平均で5名ほどの親しい家族や友人たち。あなたにもしものことがあったら非常にショックを受け、あなたを助けるためならどんな犠牲もいとわない人たち。

第3サークルに含まれるのは約15名で、あなたの人生において重要な役割をもつ大切な友人たち。特別なお祝いごとに招いたり、気安く頼みごとをしたりできる人たち。

第4サークルに含まれるのは約50名で、親しいというほどではないが交流のある友人たち。

いちばん外側の第5サークルに含まれるのは約１５０名の知り合いで、あなたが職場や、所属する団体や、活動等で顔を合わせる人たちだ。

外側のふたつ、つまり第4サークルと第5サークルは、みんなで体の動きを合わせたり、歌ったり笑ったりするなど、集団的な喜びをもたらす社会的グルーミングによって、人数が増え、つながりを強化しやすい。このふたつのサークルが強固なものになると、ささやかでも意味のある交流を続けることができる。たとえばオタワ・ローイングクラブのキンバリー・ソッゲは、みんながボートのうえで気持ちをひとつに合わせることによって、さりげなく互いを気遣い、助け合う仲間になれたという。

「誰かが困っているときのように、本人がなにも言わなくてもちゃんと伝わって、みんなが行動を起こします。たとえば農園をやっている人なら、はちみつやケールを届けてあげるとか。お互いによく気にかけているから、かゆいところに手が届くんです」

エミール・デュルケームは、宗教活動によって経験する集合的沸騰は、教会のもっとも重要な社会的機能のひとつであると考えていた。そのおかげで、共同体としての生活を大切に考えるコミュニティが生まれるからだ。

現代の宗教学者たちは、フィットネスのコミュニティが、多くの人にとってその役割を果たすようになったと考えている。ハーバード神学校の特別研究員《フェロー》、キャスパー・ター・クイルとアンジー・サーストンは、全米のクロスフィットジムのコミュニティを観察した。その結果、「ボックス」と呼ばれる各地のクロスフィットのジムは、地元のコミュニティ拠点としての役割を果たしており、教会などの信仰の場と同じように、人びとが互いを気にかけていると述べた。

テクノロジーは、人間の代わりになるか？

人類の長い歴史において、人びとの社会的ネットワークの大きさと顔ぶれは、地理によって制限されていた。ところがいまではテクノロジーのおかげで、家族が地球の反対側

で離れて暮らしたり、世界中の見知らぬ人たちとつながったりもできる。
社交の輪が拡散し、大きく広がっている現在、この問いかけには意味があるはずだ――離れた場所にいても、集団的な喜びを経験することは可能だろうか？　たとえ同じ場所にいなくても、同時に体を動かすことで、距離に縛られないコミュニティを形成することはできるのだろうか？

オーストラリアのロイヤルメルボルン工科大学（ＲＭＩＴ）の研究グループ、エクサーションゲーム研究室は、別々の場所にいるふたりのランナーをつなぐ遠隔ジョギングアプリを開発した。

ふたりのユーザーが電話で会話をしながら走ると、アプリはＧＰＳを利用して各ランナーのペースを割り出す。ふたりが同じペースで走っているときは、相手の声がすぐとなりから聞こえてくるような感じがする。ところが、自分のペースのほうが速くなると、アプリの効果で相手の声が後ろから聞こえてくるような感じがする。このようにして、ランナーたちが同じペースで走れるようにするアプリだ（心拍数でもペースを測定できる。つまり、客観的速度ではなく活動量によって同じペースであると判断する方法だ）。

ただ電話で話すだけでなく、空間音声効果を利用することで、相手と並走している感覚がよりリアルに感じられるのだ。ある初期のユーザーは、「相手が本当にすぐとなりにいるようだった」と述べている。

ユーザーをもっと大きなコミュニティとつなげるテクノロジーもある。南カリフォルニア在住の48歳の整形外科医、ジェニファー・ヴァイスは、たいてい朝5時半から自宅のガレージで、ペロトン社製のエアロバイクをこぐ。そのバイクにはディスプレイが装着されており、動画アプリで世界中の８００名ものメンバーたちとつながりながら、ニューヨークのペロトンのスタジオからライブ配信される、人気インストラクターのエクササイズに参加できるのだ。

さらに、ヴァイスのパフォーマンスに関するデータは、アプリ経由でインストラクターとスコアボードに送信される。スコアボードには、バイクの速度と負荷のレベルに応じて、各メンバーの順位が表示される。スコアボード上で自分の近くにいるメンバーの順位がしょっちゅう入れ替わるのを見ていると、本当にグループで走っているような気がしてくる。

「さあ、音楽に乗っていこう！」とインストラクターのかけ声が聞こえると、いま、世界中でメンバーたちが同じリズムでバイクをこいでいるのだ、とヴァイスは意識する。そんなとき彼女が思い出すのは、全員で体の動きと呼吸をひとつに合わせるフローヨガの感覚だ。

以上のとおり、遠隔ジョギングでも、ペロトンのライブ配信エクササイズでも、テクノロジーは実際につながりを生み出している。さらに、テクノロジーは人間同士の交流のま

ねごとも可能にする。遠隔ジョギングアプリを開発したエクサーションゲーム研究室は、世界初のジョギング仲間ロボット、「ジョゴボット」を開発した。

ジョゴボットは無人航空機《ドローン》と変わらない。走るまえに予定のコースをロボットに告げると、ロボットはＧＰＳを使ってそのコースの上空を飛んでいく。ランナーが胸部にターゲットのついたＴシャツを着用することで、ドローンのカメラが追跡できるようになっているのだ。

ジョゴボットは頭上約３メートルの高さで、ランナーが走っているようすを観察しながら、一緒についてくる。早期のテスト段階から、ランナーたちはジョゴボットをジョギングのパートナーとして歓迎した。ただのドローンなのになぜか人間のように思えて、ブーンというプロペラ音からも奮闘ぶりが伝わってくるようだった。ジョゴボットが息を荒らげながら、がんばっているような気がしたのだ。センサーにエラーが生じたり、ジョゴボットが風にあおられてコースを外れたりすると、ランナーたちは、あいつにも意思があるんだと感じた。

これをどう考えたらいいのだろう？　仲間を欲しがる人間の欲求を利用して、運動を楽しくすることが最重要の目的であるならば、ジョゴボットは天才的な発明だ。

だが、本当に必要なのは人間同士のつながりで、運動はその必要性を満たすための手段だとしたら？　人とのつながりを真剣に求めている人は、ジョゴボットになど目もくれず、ランニングのグループに参加するか、地元のＹＭＣＡに行くかもしれない。

とはいえ、新しい場所に初めて顔を出すのは勇気がいる。そんな面倒なことをするより、ドローンと一緒に散歩するか、バーチャル・リアリティの手袋を買うほうがいいや、と思う人もいるかもしれない——手袋をはめたとたん、パートナーからハイタッチをされたような感触が得られるのだ。

アバター相手でも「エンドルフィン」は分泌される

最近、ブロンウィン・ターは例のダンスの実験をバーチャル・リアリティで再現した。アバターと一緒に踊ったところ、参加者たちは好き勝手に踊っていたアバターよりも、自分と同じ動きで踊ったアバターに好意をもった。また疼痛耐性についても、同じ場所でほかの人たちと一緒に踊ったときと同じように、アバターと同じ動きで踊った人たちは、痛みへの耐性が向上した。

こうした結果は、人間同士が動きを合わせることで生じるシンクロニーと同様に、バーチャル・リアリティでもエンドルフィンの分泌が引き起こされることを示している。この結果には、私も驚いてしまった。子どものころ、エクササイズのビデオがあれほど好きだったのは、そのせいもあったのかもしれない。

そう考えると、アバターと同じ振り付けで踊るゲームに人気がある理由もわかる。そういうゲームは、快感や高揚感をもたらす神経化学物質をうまく利用しているのだ。バー

チャル・リアリティには、動きを合わせることで生じるつながりの錯覚に、より現実味を感じさせる効果がある。

しかし、その進歩については、私の思いは複雑だ。集団的な喜びが社会的グルーミングのひとつの形式として発達したものならば、エンドルフィンの分泌は、ただ高揚感を味わうだけでなく、大切な人間関係を育み、助け合うためのネットワークを築くためでもあるはずだ。アバターやロボットと一緒に動いてエンドルフィンが分泌されたところで、どんな関係を育むのに役立つというのだろう?

人間の社会的本能を利用したテクノロジーによってまねごとを経験しても、人間を相手にした場合と同じ効果が得られるとはかぎらない。私の妹が予定より2か月も早く双子の女児を出産したとき、妹は夫とともに新生児集中医療室に移った。ランナーであるふたりは多くのイベントへの参加を諦めたが、すでに参加登録していた10キロトレイルマラソンに出場できなかったのは、とくに残念だった。

ところが、ランニンググループの仲間たちは、大会当日にふたりのゼッケンを会場で受け取ってくれた。さらに主催者らに話をつけ、ふたりが出場していたら必ず手にしていたはずのメダルまでもらってくれたのだ。送られてきたゼッケンとメダルには、みんなからのメッセージが添えられていた。

「どこにいても10キロ走ろう」

妹は当時を思い出して言った。

「ふたりでゼッケンをつけて、病院のまわりを10キロ走ったの。メダルも1日じゅう首から下げてた。お礼に写真を撮って、みんなに送ったわ。あのときはとんでもないことが次々に起こって、押しつぶされそうだった。だから、あそこまでしてくれた仲間たちの思いやりが、身にしみてうれしかった」

ジョゴボットがはたしてそんなことをしてくれるだろうか――いまさら、そんな問いかけは無用だろう。

本物のつながりとシミュレーションの境界線はどこにあるか、知っているふりをしようとは思わない。セックスロボットや、介護ロボットや、ペットロボットが、人間の代わりを務める可能性が現実味を帯びてきた現在、それは人工知能（ＡＩ）やバーチャル・リアリティの分野で、まさに取り組んでいる問題だ。まもなく私たちも、ジョギングのパートナーなどよりもっと身近な問題で、境界線をどこに引くべきかを自分たちで決めるべきときがやって来るだろう。

人びとが同じ場所で直接交流するよりも、生活のあらゆる面において、テクノロジーによるつながりが推進されている現在、人びとが実際に集まって一緒におこなう活動は、今後ますます貴重に、そして重要になっていくだろう。

テクノロジーでつながるのが好きな人たちにも、温もりを感じるつながりが必要だ。ペロトンのエアロバイクが大好きなジェニファー・ヴァイスが、夫と並んでエクササイズができるよう、エアロバイクをもう1台買ったと聞いたときは、思わずほほえんでしまった。

いま彼女がとくに楽しいと思うのは、夫婦でエアロバイクをこいでいるそばで、３人の小さな子どもたちが一緒に踊っているときだそうだ。

「集団運動・行動による絆の形成」

歴史家のウィリアム・H・マクニールが、１９４１年、アメリカ合衆国陸軍に徴兵されたとき、彼が配属されたテキサス基地は物資が不足していた。入隊から6週間、新兵たちには1着の作業着しか供給されず、記憶に染みつくほどの悪臭を放っていた。マクニールは高射砲隊の砲兵になるべく訓練を受けていたが、基地にあるたった1基の対空兵器は故障していた。

訓練時間をどうにか有益に使わねばと苦心した将校たちは、新兵たちに兵舎のまわりの草むしりを命じた（芝刈り機も不足していた）。行進の訓練では、密集隊形で何時間も歩かせた。マクニールは最初、「これほど無意味な訓練はほかに思いつかない」と思っていた。ところが、炎天下のなか、みんなの軍靴《ぐんか》が地面を踏み鳴らし、かけ声を響かせながら行進を続けるうちに、彼の気持ちは変化した。

「あの訓練で、一糸乱れぬ動きを延々と続けているうちに湧き上がってきた感情は、とても言葉では表現できない」と、１９９５年の著書『一糸乱れぬ動き――人類史における舞踊と訓練（*Keeping Together in Time: Dance and Drill in Human History*）』（未邦訳）で述べて

いる。

「思い出すのは果てしない充足感――もっと具体的に言えば、自己が拡大したような不思議な感覚であり、とてつもなく膨張して、なにか偉大な存在になったかのようだった」

　このように共同行動をとおして力を得た感覚を、心理学では**「我々」の主体感**（We-agency）と呼んでいる。マクニールは**集団運動・行動による絆の形成**という造語を考案して、行進や一斉作業などの活動によって「我々」の主体感が生まれる仕組みを表現した。一体となって動くとき、私たちは集団の目標のために全力を尽くす意欲と力が湧いてくるのだ。

　除隊したのち、歴史家として研究を再開したマクニールは、集団運動・行動による絆の形成によって生まれた「我々」の主体感こそが、古来、軍事力の源泉であったと考えるようになった。アステカ族、スパルタ族、ズールー族はいずれも、儀式化された舞踊を用いて若い兵士を訓練した。ヨーロッパの軍隊は「狩猟群団の仲間意識」を培うため、兵士たちに密集隊形の教練をおこない、戦場における連帯と献身を強化した。

　マクニールの考察は、動きを合わせることがもたらす、もうひとつの社会的機能を示唆している。それは、個人が友情の輪を広げるのに役立つだけではない。領土を守ったり、共通の目標に向かって努力したり、大きな脅威に立ち向かったりする集団を形成するのに役立つのだ。

　医師のヨアヒム・リヒターと心理学者のロヤ・オストヴァールは、原始人たちがみんな

で動きを合わせたのは、自分たちの身を守るための戦術だった可能性があると推測した。「一頭の巨大な動物のように見せかけて、肉食獣たちの目をあざむき、歯が立たない強敵だと思わせた」のではないか、と考えたのだ。

この考え方は、それほど非現実的ではない。動きを合わせる戦術で身を守る生物はたくさんいる。ゴンドウクジラやイルカは、泳ぐときも水面に顔を出すときも、群れで動きをぴたりと合わせ、周囲の生物に脅威を与える。キゴシツリスドリは卵が敵に食べられないように、敵が現れるとみんなで取り囲み、飛びかかったり突いたりして撃退する。オオカミの群れに囲まれたジャコウウシたちは、一塊となって外側に角を突き出し、多頭獣のように立ちはだかって、鉄壁の防御で当たる。

動きを合わせた人間たちも、同じように脅威を与えることができる。ある心理学の実験では、だんだん近づいてくる軍隊の足音の録音を参加者たちに聞かせ、その恐怖度を評価してもらった。大勢の兵士たちの足音がぴたりとそろっている録音もあれば、不揃いの足音がする録音もあった。足音がそろっているほど、参加者たちは屈強な巨体の兵士たちを想像した。

また、足音がそろっている兵団ほど強い団結力が感じられ、もはや個々の兵士の集まりではなく、一体化して優れた戦闘力を発揮する、超個体［多数の個体から形成され、ひとつの個体のようにふるまう生物の集団］のように感じられた。

一糸乱れぬ集団は、ひとつの目的のもとに一致団結し、共通の価値観でつながり、一丸

となっている印象を与える。だが、ウィリアム・H・マクニール自身が軍事教練で体験したことからもわかるとおり、これは観察者効果だけの話ではない。その集団のなかにいる人びとも、力がみなぎってくるのを感じるのだ。

人間は団結して動きを合わせるとき、外的脅威への恐怖心が薄れ、敵の脅威をあまり感じなくなる。アンダマン諸島の先住民族たちが、外敵との闘いのまえに舞踊の儀式をおこなったのは、そのためだろう。

また、それは政治運動や社会運動においてデモ行進をおこなう理由のひとつでもある。集団運動は外部に対して連帯の強さを見せつけるだけでなく、メンバーたちの士気を高める効果もある。実際の行進やデモでは、参加者たちのあいだで「我々」の主体感が生まれることが、研究でも明らかになっている。積極的な参加者たちは、集団との結びつきを感じ、自分たちより大きな存在の一部になったように感じたが、デモや行進を傍観している人びとには、そのような感覚は生じなかった。

また、行進やデモに参加した人びとには希望が湧いてくることがわかった。参加後は、「世のなかは以前よりも公平になってきている」「人間の生まれもった性質は、悪よりも善である」「自分たちが抗議行動で訴えている問題は、解決できる」などのコメントに賛成する割合が増えた。ただし重要なのは、行進やデモを見ているだけではこのような効果は表れないことだ。やはり、みずから参加する必要がある。

災害と「我々」の主体感

２０１１年3月、東日本大震災によって、宮城県岩沼市は甚大な被害を受けた。太平洋沿岸にある市の面積の約半分が津波で浸水し、１８０名の住民が犠牲となった。震災後、市民の15パーセントにはうつ病の症状が見られた。

市の公衆衛生担当の職員たちは、復興へ向けた取り組みの一環として、市民たちが体を動かす機会を増やすため、運動プログラムを実施した。すると、グループエクササイズへの参加が多い人たちほど、うつ病になりにくいことが明らかになった。うつ病の予防には、ひとりでウォーキングをするのも効果的だが、グループエクササイズのほうがさらに効果が高かった。

そんなことを考えながら、２０１７年の秋、私はテキサス州の地方自治体連盟の会議でレジリエンスについて講演をするため、ヒューストンを訪れた。テキサス州最大の自然災害のひとつ、ハリケーン・ハービーが起きてまもないころで、各地の市長、警察署長、消防団長、市議会議員および議長、さらに公共事業や公園管理、都市計画の責任者たちが参加した。会場の〈ジョージ・Ｒ・ブラウン・コンベンションセンター〉は、災害時には、ハリケーンで家屋が破壊された何千人もの被災者たちの避難所となっていた。

到着日の午後、私は市の中心街からコンベンションセンターまで歩いてみた。ハリケー

ンで洪水が押し寄せたエリアだ。やがてホテルへ戻る途中、音楽が聞こえてきた。音のするほうへ行ってみると、コンベンションセンターの真向かいのディスカバリー・グリーンパークで、ズンバの公開レッスンがおこなわれていた。石のタイルのうえで、数十人が手をたたき、足並みをそろえて動いている。

　野外ステージでダンスの指導をしているのは、地元のインストラクター、オスカー・サジクだった。蒸し暑いなかを歩いてきた私は汗でびっしょりで、袋には要冷蔵の食品がたくさん入っていた。でも、いいや——私は袋をベンチに置き、さっそくレッスンに参加した。

　ズンバのレッスンでおなじみのサルサ、レゲトン、メレンゲの曲や、ラッパーのピットブルの曲に合わせて、みんなで踊った。ズンバ用のタンクトップやＴシャツを着ている人たちもいたが、多くの人は私と同じで、運動には不向きな服装をしていた。みんなダンスの誘惑に負けて、飛び入りしたのだ。

　見知らぬ人たちが、私に笑顔を向けてくれる。とても楽しそうだ。みんなで体を揺らし、足を踏み鳴らしながら、私はふと思った——大きな災害が起きてまもなく、みんなでこうやって踊っているという事実こそ、この街のレジリエンスのしるしだ。あるいはむしろ、これがレジリエンスの源かもしれない。

　あの日ヒューストンの野外でズンバレッスンをおこなった、オスカー・サジクのフェイ

スブックページをさかのぼって読んだところ、サジクはヒューストンの無料の市民講座でインストラクターを10年以上務めていることがわかった。ハリケーン・ハービーの直後に復興の取り組みが始まったとき、彼はフェイスブックにつぎのような投稿をした。

「何百名ものズンバ戦士たちと一緒に、最高に楽しいアウトドアレッスンに参加しよう。ヒューストン・ストロング［ヒューストン市民は負けない、という意味のスローガン］。僕らは必ず立ち直る」

あのようなレッスンを実施することも、私をヒューストンに招聘した地方自治体連盟の会議と同じく、市民参加のモデルとなる取り組みだ。ズンバレッスンの翌日、私は公務員や官僚たちに向けた講演で、目的意識と社会的つながりについて語った。公共奉仕担当の出席者のなかには、前日のズンバレッスンの会場で、地元のフードバンクに寄付された食品の仕分けをおこなっていた人たちもいた。私は心のなかでつぶやいた――スピーチなんかやめて、とっておきのプレイリストを用意したほうがよかったかな。

体は「同調」するようにできている

人間は体の動きだけでなく、あらゆる生理機能も同調するようにできている。私たちが人とのつながりを感じると、心拍や呼吸だけでなく、脳の活動までが相手と同じペースになっていくのだ。グループを組んだ人たちは、とくに明確な指示がなくても、体の動きや

呼吸がぴたりとそろうことが多い。また、コンピューターが生成した完璧なリズムよりも、わずかに不規則な人間の動きのほうが、人間は動きをぴたりと合わせやすい。まるで、私たちの生理機能は人間らしさを認識し、反応しやすくできているかのようだ。

自己超越の神秘的な感覚は、神経学的な作用にすぎないなどという説明には、がっかりする人もいるかもしれない。だが私は、自分よりも大きな存在の一部になろうとする脳の働きにむしろ魅力を感じる。私たちの知覚システムは、通常は厳密な「自己」という知覚領域を、ときにあっさりと捨てることができるのだ。

さらに、脳は他人とつながっている感覚を生みだすことができる。それは心臓や肺や筋肉からのフィードバックと同じくらい直観的なものだ。人間は、ふだんは一人ひとり個別の存在として自分を認識していながら、ただ一緒に体を動かすという小さな行動を起こすだけで、互いを隔てる境界線をなくすことができる——これは驚くべきことだ。

認知科学者のマーク・チャンギージーは、人間が文字や話し言葉や音楽などの文化的な発明をなしとげた理由を、「先天的な脳機能の転用」という表現を用いて説明している。つまり、「ヒトという生物が、昔からもっている脳の機能をうまく利用して、新しい用途に対応し、本能と同じくらい自然に使いこなせる」からだ。文化的な発明が広まったのは、人間の本能を活かしているからだという。

私が集団的な喜びの研究について調べようと思ったのは、自分がなぜこれほどグループエクササイズが好きなのかを、もっとよく理解したかったからでもある。私自身がレッス

ンで体験したことを思い出すほど、「先天的な脳機能の転用」というのは、まさに正しいと思えてくる。焚き火を囲んで踊ったり、戦闘前の舞踊の儀式で足を踏み鳴らしたりした経験のある人なら、きっと初めてエアロビクスのレッスンに出ても、ついていけるはずだ。

心理学者のブロンウィン・ターも、集団的な喜びを体験したいなら大人数のズンバレッスンがもっとも効果的だと述べている。グループエクササイズは、体を一緒に動かす効果を高める多くの条件を満たしているのだ。たとえば私たちは心拍数が上がるほど、一緒に体を動かしている人たちへの親しみが増す。音楽に合わせてみんなで体を動かすのも効果的だ。

またエクササイズのレッスンは、意図的にせよ、偶然にせよ、「密集化」現象を利用しているものが多い。みんなで体の動きを合わせているときに、パーソナルスペースが狭くなると団結が強まるのは、互いの体が近づくことで、自己と他者の境界線がさらにぼやけて感じられるせいだろう。

互いの体の匂いがするほど近くにいると、感情も伝わりやすくなる。じつは、楽しい《ハッピー・》ときの汗《スウェット》は、ふつうの汗とは匂いが異なることをご存じだろうか？　しかも、誰かのハッピー・スウェットの匂いをかいだ人は、気分が高揚するのだ。毛穴から分泌された喜びの匂いは世界共通のようで、たとえその国の言葉を話せなくても――ブロンウィン・ターがブラジルのマラジョ島で、現地の人たちと一緒に踊ったときのように――喜びの匂いを吸い込んで、集団的な幸福感に酔いしれることもできる。

「単純動作の繰り返し」で喜びが増す

一般的なグループエクササイズに見られる単純な動作の繰り返しは、集団的な喜びを高めるのに役立つ。人類学者のラドクリフ＝ブラウンが、インド東部アンダマン諸島の舞踊の儀式を分析したところ、その舞踊のステップにはとくに芸術的な価値は認められなかった。

「ステップの機能は、体の筋肉をできるだけ多く動かすことにあるようだ」と彼は述べている。

統一性のある単純な動作のおかげで、踊り手たちは「忘我の快楽」を味わうことができる。それと同じで、現代のエアロビクスでも恍惚感を経験することができる。グループエクササイズがうまくいかない場合は、動作が複雑すぎるのが原因であることが多い。みんなの動きがばらばらになって、ついていけない人たちが出てきてしまうのだ。

フィットネス業界は10年ごとに様変わりする。だが、動作や音楽が変化したり、踏み台《ステップ》やウェイトバーやエアロバイクなど、新しいツールが加わったりしても、何十年も前からエクササイズに励んでいる私たちのような古株に言わせれば、本質的な体験は変わらない。

新しいグループエクササイズが登場しても、たいていは既存のスポーツに同調性《シンクロニー》を加えたものだ。たとえば、ボクシングにテコンドーやダンスの要素を加えた「タエ・ボー」や、

ウェイトリフティングに音楽とリズムを取り入れた「ボディ・パンプ」、サイクリングに音楽とエクササイズの要素を加えた「ソウル・サイクル」などがある。

どんなフィットネス・プログラムも、うわべの装飾的な部分を取り除いて本質を見れば、どれも似たような要素の組み合わせで、集団的な喜びを経験できるようになっている。人とのつながりを求めるのが人間の本能であるかぎり、私たちはこれからも一緒に体を動かし、汗をかく場所を求めてやまないだろう。

みんなで体を動かすのは楽しいと感じる人は多いが、みんなで動きを合わせることに、とりわけ強い魅力を感じる人もいる。その理由は、集団的な喜びと協力との関連性にあると考えられる。つまり、他人の幸せを喜び、苦しんでいる人を進んで助けるような向社会的な人びとは、他者とすんなりと動きを合わせられるのだ。そういう人たちは精神的あるいは生理的な特性によって、集団行動になじみやすく、動きに没頭しやすい。

そのように自分の殻から抜け出して世のなかの役に立ちたいという欲求こそが、グループエクササイズに活かされている決定的な本能なのだろう。そんな欲求がステップタッチやスクワットやタップバックをとおして表現されるのは、奇妙に思えるかもしれない。こうした魅力は、やはり自分でやってみないかぎり理解できないだろう。この喜びを味わうには、傍観しているだけではだめなのだ。

どんな先天的な脳機能の転用とも同じで、自分で実際に体験してみるまでは、わけがわからない。けれどもエンドルフィンが分泌され、鼓動が激しくなると——突然、これほど

自然なことはないように思えてくる。

歴史家のウィリアム・H・マクニールが述べているとおり、「一糸乱れぬ動きをすることで高揚感を覚える反応は、我々の遺伝子に深く組み込まれているため、我々はそうした高揚感を求めずにはいられない。これはコミュニティを築いて維持するために、我々が利用できるもっとも強力な方法なのだ」

第4章 音楽に身をまかせる

2年前、私はサンフランシスコのダウンタウンにあるホテル、〈ハイアットリージェンシー〉の大宴会場の控室にいた。テクノロジーデザイナーの会議で基調講演をするため、出番を待っていたのだ。

講演前のオープニングセレモニーに登場するのは、チベット自治区ラサ市のデポン寺からやってきた、チベット僧たちだ。彼らは3日間の会期中、ホテルのロビーで砂の曼陀羅《まんだら》を制作する。色砂を使って緻密な模様を描く、根気と労力の結晶のようなインスタレーションだ。緋色の袈裟を着た僧たちも、私と同じ控室で待機していた。腕は金色の法衣で覆われ、両手を組み合わせて座っていた。

やがて、参加者らに入場をうながす音楽が流れ始めた。セイント・モーテルの「ムー

ブ」が聞こえてくると、私はいつのまにか、あの印象的なビートに合わせて頭を振っていた。ふと誰かの茶色い革のローファーが、リズムに合わせて床を打っているのが目に入った。ローファーを履いた僧は私の視線に気づき、にっこりした。

彼も私もあのとき、強力な本能によって動かされていた——音楽やリズムが聞こえると、体が勝手に動いてしまうのだ。音楽学ではこの衝動を「グルーヴ」と呼んでいる。注意していないかぎり、これを抑えるのはなかなか難しい。

この本能は生まれてすぐに表れ、生後48時間の新生児も、規則的なリズムを聞き分けることができる。乳児たちはモーツァルトの「アイネ・クライネ・ナハトムジーク」の4分の4拍子のリズムに合わせて、にこにこしながら足を動かす。言葉を覚えたりハイハイしたりするまえに、このような行動が見られることからも、音楽に合わせて体を動かす能力、さらにそれを楽しむ能力は、人間に生まれながらに備わっていることがわかる。

実際、脳は体を動かすための合図として、音楽を認識するようなのだ。脳スキャナー装置で横になった状態で音楽を聴くと、脳の運動系が活性化するのが見て取れる。音楽が聞こえると、動作を計画する補足運動野や、動作を調整する大脳基底核や果核、動作のタイミングを制御する小脳を含む、脳の運動ループが活性化する。リズムが激しい音楽、あるいは好みの音楽ほど、脳のそれらの領域は燃料を消費する。

体が安静状態にあるときでも、こうした現象が起こるのだ。どうやら脳は音楽が聞こえると、体のほかの部分に指令を送らずにいられないらしい。神経科学者のオリヴァー・サッ

クスは、「私たちは音楽を聴くとき、筋肉を使って聴いているのだ」と述べている。

人生の最大の喜びのひとつは、この衝動に身を任せることだ――歌ったり、踊ったり、手をたたいたり、足を踏み鳴らして、メロディーや和音《コード》や歌詞が心と体に響き渡るのを感じながら、音楽に身をまかせよう。

音楽の「強壮剤」効果

1863年7月1日、マサチューセッツ第22歩兵連隊H中隊のロバート・ゴールドスウェイト・カーター二等兵は、ペンシルベニア州の猛暑のなか、行進を続けていた。その日の行程は30キロ以上におよび、あちこちに転がっている馬たちの死体が、前日の戦闘で北軍騎兵隊に多大の犠牲者が出たことを物語っていた。

カーターの記述によれば、多くの兵士が熱中症にかかり、午後になって暑さがピークに達すると「何百人もの兵士が道端に倒れ込んだ」。疲労のあまり、連隊が機能不全に陥りかけたその寸前、遠くからラッパと太鼓の音が聞こえてきた。姿は見えないが、並行した道を行進している別の連隊が、演奏を始めたのだ。

疲労困憊し、足を痛めた兵士たち、股ずれを起こしてまともに歩けなくなった愛国者たち、精根尽きて道端でくずおれそうな者たちが、音楽を聞いて発奮し、ふたたび

歩き始めた。新たな勇気が湧きおこり、野営地を目指して行進した。勇敢な由緒あるポトマック軍の、日に焼けた満身創痍の兵士たちを奮い立たせた音楽の力は、かくも偉大だった。

音楽によって脳が刺激され、アドレナリン、ドーパミン、エンドルフィンが大量に分泌されると、活力が出て、痛みが緩和される。そのため音楽学者は、音楽には強壮剤のようなパフォーマンス向上効果があると考えている。

時代や文化を問わず、音楽は労働のつらさを軽減し、人びとにやりがいをもたらすために利用されてきた。音楽の効果でエンドルフィンが分泌されると、作業が楽になるだけでなく、ともに働く仲間同士の絆が生まれるのだ。

メイン州ベルファストのダックバック農場の経営者、ベネット・コネスニーは、伝統的な労働歌を研究するため世界各地を訪れた。ガーナでは漁師たちから音楽を、タンザニアでは農民たちから踊りを、モンゴルでは羊飼いたちから歌を学んだ。彼の農場のスタッフは、種まきやにんにくの皮むきをしながら、みんなでよく歌をうたう。

「サウンド・オブ・ミュージックみたいに、朗々と歌い上げるのとはちがいますよ」コネスニーは私に言った。

「脳や体が、そのうち自然と歌を求めるんです」

労働歌をうたい始めると「すぐに変化が起こります。筋肉の感じが変わって、まるで鎮

痛剤を飲んだかのように痛みが消えるんですよ。仕事に精が出て汗をかき始めます。気がつけば、ペースも速くなっているんです」

体の不快感が弱まるにつれ、楽しい気分になっていく。

「高揚感に包まれていると時間の感覚がなくなって、何分たったかわからなくなります」

音楽のもつ強壮剤的な効果は、人びとが体の限界を超えて力を発揮するのに役立つ。ある実験では、糖尿病と高血圧の中年の患者たちを対象に、心血管ストレステストを実施した。これは、心臓の強度や持久力を測定するための基準となるテストだ。参加者たちはトレッドミルの上で歩いたあと、こんどはできるだけ長く走る。だが、トレッドミルはだんだん速度を上げ、台の傾斜も大きくなっていく。ほとんどの人は6分で息切れを起こし、8分以内にギブアップした。

ところが、アップテンポの音楽を聴きながら走った場合は、患者たちは平均で51秒も長く持ちこたえた。全速力を出しながら、1分近くタイムを伸ばしたことになる。音楽は、患者たちの心臓の能力を引き上げたのだ。

いまでは多くのアスリートたちがこの効果を利用している。入念な対照実験においても、音楽をかけた場合、ボート選手や短距離走者や水泳選手たちが、自身のタイムを縮めることができた。

また、ランナーたちは極度の暑さや湿度により長く耐え、トライアスロン選手たちは疲労の限界に達するまでの距離を延ばすことができた。アスリートたちが全力を出すときに

音楽に合わせて体を動かすと、まるで歌から必要なエネルギーが供給されるかのように、酸素を効率よく消費することができるのだ。

このような研究結果を受けて、『スポーツ医学研究紀要』の科学的レビューの著者たちは、音楽は合法な運動能力向上薬であると結論づけた。

２００７年、米国政府のマラソン大会の運営団体は、公式の大会における個人の音楽プレーヤーの使用を禁止した。おもに安全上の理由のためという説明だったが、効果的なプレイリストをもつ選手が不当に有利になることを防ぐためではないか、という憶測が飛び交った。

それはもっともな懸念かもしれない。１９９８年、エチオピアの陸上選手、ハイレ・ゲブレセラシェは室内２０００メートルのレースの際に、ポップソングの「スキャットマン」を流すよう、大会の主催者側に話をつけた。その曲を聴きながら練習に励んできた彼にとって、最高の走りができる曲だったのだ。その結果、ゲブレセラシェは見事に世界記録を更新した。

「パワーソング」で底力を引き出す

音楽が運動能力の向上薬ならば、イギリスのブルネル大学のスポーツ心理学者、コスタス・カラゲオルギスは、世界有数のサプライヤーだ。彼はオリンピック選手やナショナル

チームの選手や大学の運動選手らと協力して、トレーニングや競技会用のカスタムプレイリストを制作している。

彼はこれまで、音楽に乗って走るハーフマラソン「ラン・トゥ・ザ・ビート」や、音楽に合わせてプレイする男女混合タッチラグビー「O^2タッチ」などのプレイリストの制作にたずさわってきた。さらに複数の大手デジタル音楽配信サービスでは、トレーニング用プレイリストでどの曲をかけるかを決定する、アルゴリズム構築の責任者を務めている。

本人の話によれば、カラゲオルギスはロンドン南部の「貧しいけれどカラフルな外国人居住地」で育った。彼の家はアパートメントの2階の部屋で、1階には中古レコード販売店が入っていた。

毎朝、彼はその店の超低音スピーカーから響き渡る、ベースの大音響でたたき起こされた。ベッドから出ると窓から外をのぞいて、通りを行き交う人びとをながめているのが好きだった。音楽が聞こえるところまで来ると――たいていボブ・マーリーやデズモンド・デッカーなどのレゲエ音楽だ――みんな笑顔になって、足取りも軽くなった。カラゲオルギスの目には、歩いているときに音楽が加わるだけで、驚くような変化が起こるように見えた――彼のいう「聴覚による高揚感」が生まれるのだ。

10代になり、陸上競技で頭角を現した彼は、ロンドンで毎年開催されるジュニア陸上競技大会の決勝に出場した。すると、ウォーミングアップエリアで４００メートル競技の伝説のハードル選手、エドウィン・モーゼスと一緒になった。

モーゼスは初期のウォークマンでソウルミュージックを聴いていた。当時はまだ、個人用の携帯音楽プレーヤーは普及しておらず、ウォーミングアップをしながら音楽を聴いていたのは、モーゼスただひとりだった。何て革新的なんだろう、とカラゲオルギスは思った。自分で士気を高める工夫をしているモーゼスは、何て頭がいいんだろう。

携帯音楽プレーヤーが普及した現在、カラゲオルギスはアスリートたちの選曲の手助けをしている。まずは、各アスリートの音楽の好みを探ることから始める。大好きな曲は？　いちばん好きなアーティストは？　各アスリートのミュージックライブラリーにある曲を片っ端から調べ、その曲が好きな理由をたずねる。

つぎに、アスリートをトレッドミルで走らせ、どの曲を流すと速度が上がるかを調べる。さらに握力を調べることで、疲れていても底力を出せるのはどの曲かがわかる。カラゲオルギスが探しているのは、アスリートが強い感銘を受け、精神的、生理学的な変化を起こす曲――パワーソングなのだ。ときにはすぐに、これだ、とわかることもある。

「即座にリズム反応が表れるのです」カラゲオルギスは言った。たとえば、アスリートが頭を振り始めたり、つま先でトントンと床を踏んだりする。ほかにも、瞳孔が拡大する、体毛が逆立つなど、生理学的覚醒の明確な兆候が表れる。つまり、アドレナリンによる興奮状態を引き起こす曲だとわかるのだ。

パワーソングの選び方

パワーソングには、刺激をもたらす共通の特徴がいくつかある。たとえば、激しいリズムや力強い曲調。また1分間に120拍から140拍のテンポは、世界的に人間の運動にもっとも適したリズムとされている。さらに、パワーソングは音楽以外の点で強い連想性をもっており、前向きな気持ちやイメージを抱かせたり、意味をもたらしたりする。

連想のもととなるのは歌詞や個人的な思い出のほかに、ポップカルチャーの影響もある。たとえば、その曲が映画のサウンドトラックや、スポーツ大会のオフィシャルソングである場合などだ。

曲の特徴のなかでも、私たちの底力を引き出すとともに、疲労感や倦怠感や痛みを和らげるには、歌詞がもっとも重要だ。人気上位のトレーニング用プレイリストを見てみれば、粘り強さや強い意志を表現した歌がいくつも見つかるだろう。エミネムの「ティル・アイ・コラプス（俺がくたばるまで）」がトレーニング曲として最大の人気を誇っているのは、そのためだ。

効果的なパワーソングの歌詞には、ワーク、ゴー、ランなど、運動と関連する単語が含まれている場合も多い。カラゲオルギスからそう聞いて、私も自分のミュージックライブラリーを調べてみたところ、やはり彼の言ったとおりだった。トラヴィス・バーカーの

「レッツ・ゴー」、ステラ・ムワンギの「ワーク」、トビーマックの「ムーブ（キープ・ウォーキン）」などは、私のパワーソングだ。

多くのアスリートは、英雄的なイメージを湧き起こす曲に反応する。カラゲオルギスの研究において、限界の強度まで運動をおこなう体力テストを実施したところ、映画『ロッキー3』のテーマ曲「アイ・オブ・ザ・タイガー」は、参加者たちを奮闘させ、やる気を高める効果が高いことがわかった。果敢な挑戦を描いた歌詞が不屈のファイターを連想させるところに、この曲のパワーがあるのはまちがいない。

参加者たちの脳活動の計測記録を調べたところ、この曲の効果によって疲労感を意識しなくなったことで、最初の不快感を乗り越えたことがわかった。ふつうは体力の限界に達するまえに、不快感に襲われた時点でやめてしまうのだ。

私のとっておきのパワーソングを初めて聞いたときのことは、いまでも覚えている。インドア・サイクリングのレッスンに参加したとき、オーストラリアのポップシンガー、ハヴァナ・ブラウンの「ウォリアー（戦士）」が流れたのだ。激しいリズムの曲で、ドラムのビートに乗って踊ろう、と女性のヴォーカルが歌い上げるなか、男性のバックヴォーカルが「ゴー！　ゴー！　ゴー！」と叫ぶ。

最初のサビの部分で、この曲が私の体のなかに入ってきたような気がした。激しい感情が湧きおこって無我夢中になり、陶酔状態のようになった。埋蔵エネルギーを掘り当てた

かのごとく、エネルギーが血流にどっとあふれ、私はさらに速く、力強く、ペダルを踏み込んだ。インストラクターの指示もないのに、私はペダルの負荷をさらに上げた。それを乗り越えることで、自分のパワーと強さを実感したかったのだ。

あの曲が私の脳に火をつけた、というのが最適な表現かもしれない。神経細胞がことごとく活性化され、本能的に私のアイデンティティを呼び起こしたのだ。忘れるべくもないが、ケリーという私の名は、ゲール語で「戦士」という意味なのだ。

カラゲオルギスの研究によって、音楽は中強度の運動の疲労感を和らげる効果があり、運動が少し楽に感じられ、楽しい気分になることがわかった。ところが高強度の運動がつらくなってきたときは、音楽を聴いても疲労感じたいは緩和されない。そのかわり、つらさの解釈のしかたが変化して、体の不快感にポジティブな意味を見出せるようになる。

〝内面の強さに気づけ〟とエミネムのラップが聞こえ、〝勝者は絶対に自分を見捨てない〟と歌うビヨンセの声が聞こえると、汗も、だるい疲れも、息苦しさもすべて、断固たる決意や、不屈の精神や、スタミナの証だと思えてくる。このように効果的なプレイリストには、エクササイズにおける経験を一変させる力がある。

ニュージーランドのオタゴ大学の研究では、女性たちがトレッドミルで走っている最中に、感じたことをその場で語ってもらった。

多くの人は走りながら疲労感を意識していた。呼吸が荒くなって汗をかき始めたとき、

「これで私はもっと強くなれる、体にいいことをしているしるしだ」と思う人もいた。いっぽう同じ状態でも、「体がなまっているからもう無理」と思ってしまう人もいた。

こうしたとらえ方のちがいによって、本人がトレーニングをどれくらい楽しんでいるかも予測することができた。疲労感を肯定的にとらえた人たちは、そうでない人たちとくらべて、トレーニングをはるかに楽しいと感じていた。それがもっとも顕著に表れたのは、換気閾値《いきち》という、心臓にエネルギーを送るために激しい呼吸が必要となるポイントに達したときだった。

音楽は、激しい運動によって生じる感覚のとらえ方を左右する、ひとつの要素なのだ。よい刺激を与えてくれる曲を選べば、がんばるたびに自分の底力を再認識し、理想の姿に近づいていることを実感させてくれる。

音楽は団結力を高める

私は心理学者のカラゲオルギスに、仕事上の経験で音楽の効用をとくに実感したことはありますか、とたずねた。すると意外にも、彼が語ったのは、音楽はオリンピック選手の運動能力を高めるといった話ではなく、音楽は団結力を高めるという話だった。

１９９７年、カラゲオルギスが顧問を務めていた大学の陸上部では、部員間の軋轢《あつれき》が生じていた。数名の部員たちが、バスや宿泊先のホテルで互いに避け合っており、チーム全

体に険悪な雰囲気が広がっていた。

　そこでカラゲオルギスは、部員たちのモチベーションを高める動画を制作するため、あえて仲の悪い部員同士の映像を使うことにした。彼らがリレーで連携している場面をはじめ、大会で撮影したさまざまな映像を組み合わせ、ＢＧＭにはシスター・スレッジの「ウィー・アー・ファミリー」を使用した。そして、大会の直前には毎回、部員全員にその動画を見せた。

　やがてチームはひとつになり、その年の全国大会で優勝を飾った——あとにも先にも、唯一の記念すべき快挙だった。

　それだけなら、彼が音楽によってアスリートたちのモチベーションを高めた事例のひとつにすぎないだろうが、じつはさらにうれしい後日談がある。優勝年のチームには、学生会館のバーでＤＪをしている部員がいて、カラゲオルギスは仕事帰りに一杯飲みにいくことがあった。ＤＪは彼の姿を見つけると、必ず「ウィー・アー・ファミリー」を流すのだ。するとと居合わせた部員たちが、カラゲオルギスの手からドリンクを取り上げ、彼をダンスフロアに引っぱり出す。

「あの部員たちとは一体感がありました」

　20年経ったいまでも、あの歌を聴くたびに、親密な感情がまざまざとよみがえってくるという。

　その話を聞いた数日後、カラゲオルギスが送ってきた写真には、ブルネル大学のロゴと

「ウィー・アー・ファミリー」の文字がプリントされた赤いＴシャツが写っていた。１９９７年に陸上部員たちのためにつくったそのＴシャツを、彼はずっと大切にしていたのだ。

喜びの音楽は、世界共通

ファレル・ウィリアムスの２０１３年の「ハッピー」という曲のオフィシャル・ミュージックビデオを観ると、いろいろな人が歌いながらステップを踏んだり、手をたたいたり、指を鳴らしたり、ジャンプしたり、飛び跳ねたり、体を揺らしたり、回転したりする。「ハッピー」が大ヒットして世界24か国で第1位を獲得した背景には、『ファスト・カンパニー』誌が「楽しくて、麻薬のように病みつきになる」と評した、このミュージックビデオの役割が大きかった。あの動画はまさに、ハッピーな音楽に乗って楽しく体を動かせば、喜びを実感できること示した教材と言えるだろう。体を動かすことが大きな感動をもたらすのは、まさにそんなときだ。私たちはハッピーな音楽を聞いて楽しい気分になると、体で表現せずにはいられない――好循環によって、その曲がもたらした楽しい気分が何倍にも広がっていくのだ。

ハッピーな音楽と喜びを表現する動きには、顕著な類似点がある。ハッピーな感じがする歌はテンポが速く、リズムが激しく、声のトーンは高めで、声量も大きい。

楽しそうな動きにも、同じような特徴がある。喜びの動作は速く、大きく、上下する。うれしい気持ちは、体を弾ませたり、ジャンプしたりして表現する。からだ全体で喜びを表すときは、両腕を広げて空を仰ぎ、体を大きく開く。

ダートマス大学の研究では、心理学者と音楽学者たちが協力し、ピアノのメロディーと弾むボールのアニメーションを作成する、コンピューター・プログラムを生成した。アニメのボールにはふたつの目玉がついている。実験の参加者たちは、メロディーかアニメによって感情を表現するように指示された。

すると、参加者たちが喜びを表現したメロディーと、喜びを表現したアニメには、いくつかの共通点が見られた。ピアノのハッピーなメロディーも、楽しそうに弾むボールも、規則正しい、比較的速いリズムをもっていた。さらにメロディーのトーンは高く、ボールの目玉は上を向いていた。

また、メロディーはだんだん速くなり、ボールはだんだん高く弾んだ——トランポリンに乗った子どものジャンプが高さを増していくようすや、レイヴで踊っている人たちが、音楽が最高潮に盛り上がるなか、体を激しく上下に動かすのにも似ている。そのような動きは、喜びを引き起こすのだ。

世界各地の幅広い年齢層を対象におこなわれた一連の実験では、参加者たちは人類学者から指示された動作をし、そのときの気分を述べた。

すると、それぞれの動きは怒り、悲しみ、喜びなど異なる感情を生みだすことがわかった。なかでも、ある動きは強い感情を生みだした。それは紙吹雪をまいた瞬間のように、両腕を上に大きく広げて胸を開く、代表的な喜びの表現だ。

前述のダートマス大学による研究では、カンボジアの孤村の人びとが作った「ハッピー」なメロディーと「ハッピー」なアニメは、アメリカの学生たちがつくったメロディーやアニメと似ていることがわかった。つまり、喜びの音楽や動きには世界的な共通点があることを示唆している。

世界各地の伝統舞踊とその音楽にも、喜びを表す同じような特徴がある。たとえば、インドのパンジャブ地方の「バングラ」（喜びでうっとりした、の意）という民族舞踊は、大きなジャンプやキックをしながら、跳びはねたり、手をたたいたり、両腕を上に伸ばしたりするのが特徴だ。

イスラエルの民謡「ハバ・ナギラ」（喜びを味わわせたまえ、の意）には、一般的に舞踊がともなう。踊り手たちは軽快に跳ねながら、両腕を伸ばしたり上げたり、手をたたいたりしながら歌う。ときには円を描きながら踊ることもある。

このような民族舞踊は、人びとの喜びの感情や、喜びの表現のしかたをとらえたものだ。多くの伝統舞踊や音楽が長く継承されるのは、文化的な遺産であるだけでなく、喜びを表現するための効果的な手段だからだ。イギリスの人類学者、ラドクリフ＝ブラウンは、１９２２年にこう述べている。

「人は喜びの叫びをあげ、跳びはねる。人びとが集まると、叫びは歌に、跳躍は舞踊へと変化を遂げる」

パーキンソン病患者のためのダンス・プログラム

喜びを表現する弾むボールのアニメーションを初めて観たとき、私が思い出したのは、ケニアのマサイ族の戦士の踊りだった。マサイ族の若い男性たちが輪になって並び、一度にひとりかふたりが輪の中心に進み出て、ジャンプをする。同じ場所で垂直に跳ぶジャンプで、優雅さと高さを競い合うのだ。ほかの男性たちは歌いながら、ジャンプの高さに合わせて、リズムを速めたり声を大きくしたりする。

競争であるはずの儀式が、輪の中心のジャンプが熱狂的になるにつれ、全員が熱に浮かされたようになる。やがて競争を忘れ、歌声を合わせてみんな一斉にジャンプを始める。そんな光景を目撃したら、「これこそ喜びの表現だ」と思わずにいられないだろう。

ミリアムは75歳の元コンピューター技術者で、９人の孫がいる。私が彼女に出会ったのは、ニューヨークのリンカーンセンター内にある、ジュリアード音楽院のダンス教室だった。大半の参加者と同じく、ミリアムもパーキンソン病の患者だ。

診断されたのは２０１５年だが、ふり返ってみれば、前年の春から症状は表れていた。

マンハッタンのチェルシー地区のウォーキングツアーに参加したとき、彼女はみんなについて行けなかった。だがそのときは、疲れていたし、思ったより気温が高かったせいだと自分に言い聞かせた。いま思えば、パーキンソン病の初期症状である動作緩慢のせいで、動きが鈍くなっていたのだ。

　数か月後、娘に会いに行ったところ、こう言われた。

「お母さん、どうしたの？　このまえ会ったときから、まるで10歳も歳を取ったみたい」

　ミリアムの医師は、病気の進行を遅らせるために自分でできる最善のことは、体を動かすことだと言い、1日2時間の運動を勧めた。

「体を動かすことなら、どんな運動でもかまいません」と医師は言った。

　そこで、ミリアムはＹＭＣＡにかよい始めた。あるとき、キャリステニクスという自重トレーニングの最中にエアコンが故障したため、インストラクターがいったんスタジオを離れることになった。インストラクターは、音楽は流しておくのでトレーニングを続けてください、と生徒たちに指示した。

　やがてブロードウェイのミュージカル『エビータ』の曲、「ドント・クライ・フォー・ミー・アルゼンチーナ」が流れてくると、ミリアムは思わず歌を口ずさみはじめた。すると驚いたことに、歌いながらトレーニングをしたほうが、体がなめらかに動くのがわかった。

「さあ、こんどは足を横に動かして……なんて考えなくても、足がすっと動いたんです」

ある日、健康フェアで「パーキンソン病患者のためのダンス・プログラム（Dance for PD）」が実施されることを知ったミリアムは、さっそく翌日に申し込んだ。

レッスン当日、ピアニストが『ウェスト・サイド・ストーリー』の一曲を弾き始めた瞬間から、ミリアムは胸が躍った。そしてレッスンのあいだじゅう、体が軽やかに、楽に動くのを感じた。ぎこちなさが消えてなめらかに、つっかえることもなく優雅に踊れたのだ。体がすっと音楽に反応し、不安や恐れが和らいで、自信が湧いてくるのを感じた。

「音楽が体にしみわたるんです」とミリアムは語る。

私が「パーキンソン病患者のためのダンス・プログラム」に参加したのは、6月のある晴れた日の午後だった。スタジオの天井まで届く大窓から、陽が降り注いでいた。黒いビニールマットの敷かれたダンスフロアには、たくさんのプラスチックの椅子が4つの同心円を描くように並べられ、片隅にはピアノが置かれていた。

スタジオに入ってきた患者たちは、歩行器や杖を置き、車椅子をたたんだ。多くの人は靴を脱ぎ、靴下か裸足になった。やがてピアノのドラマチックな和音を合図に、レッスンが始まった。

インストラクターのジュリー・ウォーデンは、マーク・モリス・ダンスグループで18年も活躍しているプロのダンサーだ。まずはウォーミングアップをおこなう。これは、ダンスグループが開演前の緊張をほぐすためにおこなっているものだ。みんなで顔をしかめて、

頬や口や額や目の筋肉を伸ばす。それから指や足や口などでいろんな音を立てて、緊張をほぐしていく。あとは座ったまま、歌詞をうたわずに「アメージング・グレース」のメロディーをハミングする。

「音楽が体じゅうをかけめぐるように」ウォーデンが声をかける。

それから、著名なマーク・モリスの振り付けのアレンジ版を覚える。ウォーデンはみんなに各部分のニュアンスを伝え、音楽に合わせ、感情をこめて体で表現するのが大切だと説明する。

つま先をぴんと伸ばした大きな跳躍で舞台を横切るかわりに、私たちは椅子に座ったまま、片足を伸ばして左へ動かす。だからといって、私たちのダンスが芸術性や美しさの点で劣っていることはまったくない。熟練したバレエダンサーの腕の運び《ポール・ドゥ・ブラ》のように、指先まで神経を行き届かせて、とウォーデンがみんなに声をかける。

ウォーミングアップのあとは、立てる人は立ち上がる。私たちがチャチャチャのステップで椅子のまわりを回るあいだに、ピアノのテンポが変化していく。

「音楽に合わせて！」ウォーデンが声を出す。

私たちは耳を澄ませ、音楽に合わせて体を動かしていく。ステップが速くなったり、遅くなったり。小気味よくヒップを振ったり、けだるく官能的に揺らしたり。

やがて、アシスタントの手助けですべての椅子を壁際に移動し、フロア全体を端から端へ動いていく。みんなで腕を振りながら、大きなステップで歩くのだ。

みんなの動きが、スタジオに入ってきたときの動きとあまりにもちがって、まるで魔法にでもかかったような気分になる。レッスン開始前、参加者の多くは椅子に座るだけでもひと苦労だったのだ。慎重に足を引きずって歩いていた人たちが、いまはのびのびと大股で歩いている。ピアノの最初の和音が鳴るまで、まるでぜんまいの切れたおもちゃのように動かなかった体が、十分にねじを巻かれて、弾けんばかりのエネルギーで前進しているかのようだ。

最後のダンスは、グランド・ライト・アンド・レフト――内側と外側のふたつの大きなサークルに分かれて、逆方向に進んでいく。すれちがう相手と順番に、笑顔で握手を交わすのだ。握手に時間がかかる場合もあり、サークルの流れが遅くなることもある。

相手が車椅子でも動けない場合は、ダンサーたちは車椅子のまわりを回る。ある女性はアシスタントに腕を動かしてもらいながら相手と握手をし、笑顔を交わすかわりに視線を合わせていた。そうやって一人ひとりとふれあっていると、これまでのレッスンはすべて、この瞬間のためにあったのだと思えてくる。

脳の「ミラーニューロン系」の活性化

数か月後、私は音楽と神経科学に関連する資料を読みあさっているうちに、ふとあのときのグランド・ライト・アンド・レフトが――みんなが一人ひとりと笑顔で握手を交わし

ているようすが、目に浮かんできた。体を動かすことは、会話や顔の表情やしぐさと同じように、もっとも基本的な自己表現だ。私たちは思考や感情や欲求など、自分の内面で起こっていることを、ほかの人たちが理解できるように、体を使って目に見えるかたちで伝える。

　歩く速度が遅くなったり、体が震えたりするのは、パーキンソン病のもっとも一般的かつ明らかな症状だ。ほかにも、感情表現が難しくなるなど、目立ちにくい症状も表れる。顔の表情を動かすには、歩いたり走ったりするのと同様に、多くの筋肉が協調する必要がある。たとえばにっこりと笑うには、少なくとも十数か所の表情筋が協調することで、口角が上がり、目尻にしわが寄り、頬がぐっと上がる。

　ところがパーキンソン病になると、体だけでなく顔の筋肉も動きにくくなり、仮面様顔《かめんようがん》貌《ぼう》と呼ばれる症状が表れる。まるで仮面をかぶっているような無表情な顔つきになり、感情が表れにくく、何となく不機嫌そうな印象を与えてしまう。その顔つきが無感動や困惑と誤解され、パーキンソン病の人びとは、あまり知的で幸福そうに見えないとか、付き合いにくいなどと思われがちなのだ。

　私たちは自分の内面の感情をほかの人びとに伝えるため、さまざまな顔の表情を駆使している。パーキンソン病のせいでそれが妨げられ、表情が乏しくなると、人と通じ合うのが難しくなってしまう。

　だがパーキンソン病の人でも、音楽を聞くと歩行が楽になるのと同じように、音楽には

顔による感情表現を引き起こす効果もある。楽しい音楽を聞くと、笑うときに口角を頬骨のほうに引き上げる大頬骨筋が、反射的に収縮するのだ。膝頭のあたりをたたかれると、足がぴょんと跳ね上がるのと似ている。

このように自発的な表情があらわれるのは、音楽に込められた感情が伝わってくるせいでもある。音楽が脳のミラーニューロン系を活性化させることで、ほかの人が思っていることや感じていることを認識し、理解しやすくなるのだ。

ミラーニューロンは、音や声、ボディーランゲージ、ジェスチャーによって伝わってきた感情を感知し、コード化する。さらにミラーニューロンは、私たちが人とつながりたいと思ったとき、無意識に相手のまねをするようにうながす。たとえば私たちは、笑顔を向けてくれた相手にほほえみを返したり、誰かの笑い声につられて大笑いしたりする。相手の固い握手に対して自分もぎゅっと握り返したり、ハグしてくれた相手を抱きしめたりする。

パーキンソン病になると、顔による感情表現と同じく、このように無意識に相手のまねをすることも難しくなり、人とつながるうえでさらに障害をもたらす。ところが、音楽とダンスはこの障害を突破する助けとなるのだ。

２０１１年、ドイツのフライブルクでおこなわれた研究では、「パーキンソン病患者のためのダンス・プログラム」にもとづいたレッスンを週１回実施したところ、パーキンソン病患者らの仮面様顔貌が緩和され、顔の表情による感情表現が増えたことがわかった。

私が参加したジュリアード音楽院のレッスンでは、最後に全員で手をつないで輪になった。そして、インストラクターが「喜びの伝え合い」のやり方を説明した。ひとりずつ順番に、動きや表情や音を使って喜びを表現するのだ。それから右側の人のほうを向いて、あなたの番ですよ、と合図をする。

喜びがスタジオじゅうに広がっていくなか、みんなはほほえんだり、歓声をあげたり、キスを投げたり。両腕や頭を高く上げて、手をたたいたり、肩をゆすって踊ったりした。順番がきたとき、私は子犬のようにしっぽをふるまねをした。みんな毎回、声をあげて笑った。だれの順番になっても、互いに認め合い、受け入れようとする温かい雰囲気がただよっていた。全員が喜びを伝えたあとは、それぞれ右側の人におじぎをして、感謝と敬意を伝え合った。

あの日の午後、みんなが喜びを感じるだけでなく、喜びを表現し、みんなと分かち合う能力が引き出されたことは、音楽がもたらしたかけがえのない贈り物だった。

音楽は私たちにエネルギーを与え、感じる力、表現する力、つながる力を引き出してくれた。ピアノの和音が神経系の働きを潤滑にする神経細胞を活性化させ、使われていなかった筋繊維を覚醒させたのだ。体のこわばりが緩和され、人びとは喜びをのびやかに表現することができた。腕をすうっと動かしたり、顔を上げたり、空に向かって手を伸ばしたり——あるいは口角を上げるような、かすかな動きであっても。

好きな音楽は忘れない

　私がこれほどダンスが好きなのは、母方の影響らしい。母方の祖父は第二次世界大戦で従軍し、最初はフランス、つぎにドイツで駐留した。戦争が終わったとき、彼はチェコスロバキアにいて、日本への出航に向けて待機していた。

　帰国した祖父は、神学校へ進学して神父になろうかと考えた。だが考え直して、米国郵政公社に就職し、レディング鉄道のフィラデルフィア-ニューヨーク間の夜行列車に乗務し、郵便物の輸送をおこなった。祖父から何度も聞いたことだが、その決断を下したのには理由があった。トミー&ジミー・ドーシーのビッグバンドの生演奏でダンスをする楽しみだけは、諦めたくなかったのだ。

　1946年12月、フィラデルフィアの〈ワグナーズ・ボールルーム〉で、彼は私の祖母となる女性に出会った。祖父は壁ぎわにぽつんと立っていた彼女に、ダンスの相手を申し込まれるように、もっと向こうへ行ったほうがいいよ、とアドバイスした。そのとおりにした彼女は、その晩、たくさんの復員兵とジルバを踊った。祖父は最後の曲、アーヴィング・バリンの「オールウェイズ」でフォックストロット［アメリカの社交ダンスの一種］を踊れるまで待ち、彼女にダンスの相手を申し込んだ。

　パーティーのあと、祖父はブロード・ストリートの地下鉄の駅まで彼女を送り、つぎの

週もまたボールルームで会えるかとたずねた。

結婚後、ふたりにとって最大の楽しみのひとつは、フィラデルフィア郵便局が従業員たちのために毎年開催する、ディナー・ダンスパーティーだった。歌手のチャビー・チェッカーが「ザ・ツイスト」というヒット曲で一大ブームを巻き起こしたツイストという最新のダンスを、１９６０年のパーティーで踊る度胸があったのは自分だけだった、と祖父はよく自慢していたものだ。

ふたりの子ども（私の母と叔父）を育てるため、祖父はふたつの仕事をかけもちした。午後4時から深夜0時までは郵便物の仕分けをし、午前1時から5時まで新聞配達をしていたのだ。郵便局の仕事に行くまえ、祖父はよくリビングの床に寝転がって、頭をステレオに近づけ、お気に入りのレコードを聴いていた。母が学校から帰ると、祖父がよく床で横になっていたので、昼寝をしているのだと思っていた。ところがもっと大きくなったとき、母は祖父から、ああやって慢性の頭痛をやり過ごしていたのだと聞いた。音楽を聴くと、痛みが和らいだのだ。

祖父の退職後、祖父母はノースイースト・フィラデルフィアのテラスハウスから、ニュージャージー州のレジャータウンにある平屋の住宅に引っ越した。祖父は高齢者居住地区で毎月開催される社交ダンスパーティーで、司会を務めることになった。パーティーのたびに、祖父は張りきって選曲し、祖母はリサイクルショップでドレス探しに夢中になった。祖母がのちに人工股関節の置換手術による合併症で歩けなくなるまで、祖父は長

年、ダンスパーティーの司会を務めた。

２００７年に祖母が亡くなると、祖父は心臓が弱くなり、歩行が困難になった。１日じゅう家にこもり、椅子に座りっぱなしのことも多くなった。ある日、祖父は郵便を取りに家の外に出て、足を滑らせ、地面にひっくり返ってしまった。近所の人が見つけてくれたのは、数時間後のことだった。

毎週日曜日は教会のミサに出席したが、聖体拝領のために、信徒席から神父さまのところへ歩いていくことを考えると、気が重かった。途中で転んだらどうしよう、と心配だったのだ。

祖父は心不全と腎不全のため、3度も救急車で病院へ運ばれた。そのたびに私たち家族は、こんどはもうだめでしょうと言われ、祖父が臨終の秘跡を受けられるように、母は神父さまを連れてきた。しかし、祖父の心臓はどうにか持ち直した。

「神がお望みのときに、私をお召しくださるだろう」祖父はそう言った。

3回目の退院から2週間後、母は高齢者居住地区でフィラデルフィアの弦楽合奏団によるコンサートが開催されることを知った。母が祖父に行きたいかたずねると、祖父は「そうだね」と答えた。コンサートの会場は、以前祖父が司会を務めていたダンスパーティーの会場と同じ宴会場だった。祖父は車椅子ではなく、歩行器で行くと言い張った。着席もしないうちに、祖父がまた心不全を起こすのではないかと、母は気が気ではなかった。

弦楽合奏団は祖父のなじみの歌曲をたくさん演奏し、途中で何度も「さあ、みなさんもご一緒に」と声をかけた。やがて、母は祖父の表情の変化に気づいた。

「あのころ、おじいちゃんはけっして痛いと言わなかった」母は当時を思い出して語った。「だけど、いつも不安そうな表情を浮かべていたの」

　ところが、彼の表情から不安は消え去っていた。合奏団が有名なパレード曲を高らかに演奏し始めると、祖父は椅子から立ち上がり、驚愕する母の目の前で、歩行器も使わずに通路へと歩き出した。そして祖父は腕を振りながら、フィラデルフィア名物の「ママーズ・ストラット」を踊りだしたのだ。すると、ほかの高齢者たちもダンスに加わり、通路はすぐにいっぱいになった。祖父はみんなをリードして踊っていた。母は目の前で起きていることが、信じられなかった。

「思わず体が震えたわ。心臓がドキドキして。おじいちゃん、あんなに体が弱っていたのに」母は言った。

「きっと気を失って倒れるにちがいないと思った。そうしたら私が抱き上げなくちゃ、と思って」

　その曲が終わると、祖父は母のとなりに腰をおろし、にっこりとほほえんだ。それからはずっと黙ったまま、最後までショーを楽しんだ。その後、祖父は数か月もちこたえたが、二度と踊ることはなかった。

　あれから何年も経つが、母と私はいまもあのときのことを思うと、驚異の念に打たれる。

私はその場にいたわけではないが、あれこれと想像し、母から詳しい話を聞きだそうとする。どんな曲がかかったの？　おじいちゃんはどんなようすだった？　そして繰り返し、母にたずねた。

「いったいなにが起こったんだと思う？」

自分でも考えた——いったいあのとき、なにが起こったのだろう？

母はいつも、戸惑った声で答える。

「わからない」

あのときの衝撃を思い出し、母の声には驚きがにじんでいる。

「たぶん音楽を聞いて、おじいちゃんのなかでなにかが目覚めたんでしょう」母は言った。

「あのときだけは、なにも恐れていなかったもの」

「原始的な本能」を呼び覚ます

音楽が私たちを動かすパワーは、まるで魔法のように奇跡を起こす。１９９１年８月、米国上院特別委員会の高齢化小委員会において、神経科学者のオリヴァー・サックスは、複雑骨折のあとで片脚が完全に麻痺してしまった女性の症例を報告した。担当の医師たちは、その患者の脳からの信号が、脊髄を経由して脚の筋肉に伝わっている証拠を見つけられなかった。どう考えても、彼女の脳は脚の感覚を失っており、脚の動作をコントロール

することは不可能と思われた。

　ところが、アイルランドの民族舞踊ジグの音楽が聞こえてくると、彼女のつま先が動きだし、リズムを取ったのだ。医師たちはこの不思議な現象を利用した。その女性は音楽療法によって歩けるようになったばかりか、ふたたび踊れるようになった。

　音楽はあなたの内側にはいりこみ、もっとも原始的な本能を呼び起こす。1903年、若き日のヴァージニア・ウルフは日記にこう記している。

「［音楽は］原始的な本能を呼び覚ます——ふだんの生活では眠っている本能だ——何世紀もの文明を一瞬にして忘れ去り、奇妙な情熱に衝き動かされ、部屋じゅうを狂ったように駆け回ってしまう」

　たとえ体を動かせなくなっても、体が反応して動いているような感覚は残る。慢性の消耗性の痛みを抱えた女性たちを対象とした研究では、ある女性が音楽の治療効果をつぎのように表現している。

「なにもせず、ただソファーに横になって音楽を聴いているだけでも、体のどこかが動いているような感じがします。体のあちこちの筋肉が動いているのがわかるんです……まるで、音楽が体のなかを通り抜けていくような感じです……まるで私が音楽家と同じことをしているみたいに。フルートを吹いて音を出す感覚を、自分の体で実感できるのです」

　音楽は記憶を呼び起こす助けにもなる。なにかの曲で記憶がよみがえって、そのとき、

その場所、その瞬間の気持ちを思い出すことがある。ある女性から聞いた話では、16歳で初めてスキーを習ったのは、彼女がビートルズに出会った年でもあった。彼女はビートルズのアルバム『サージェント・ペパーズ・ロンリー・ハーツ・クラブ・バンド』の曲をハミングしながら、ゲレンデを左右に滑走したのを覚えている。いまでもあの曲が聞こえてくると、昔のあの瞬間に引き戻され、小回りのパラレルターンができるようになった喜びを、まざまざと思い出すのだ。

エルヴィス・プレスリーの物まね芸人、ジョシュ・ホワイトは、全米の老人長期介護施設を慰問している。コミュニケーションができない人や昏睡状態の人までが、特定の曲に反応し、目を開けて瞳を輝かせたのを、彼は何度も目撃している。なかには一緒に歌いだす人もいるほどだ。

「たとえ脳の一部が溶解していても、人は好きな音楽にまつわる思い出は手放さないのです」

音楽に心を動かされると、その曲が神経系に記憶されるため、その曲を聞くたびに喜びがよみがえる。私はいまダンスをするとき、マッスルメモリー［筋肉の動きを脳に記憶させること］を形成しているのだ、と意識している——そうやって、将来の自分が心を揺さぶられる曲を増やしているのだ。

母から聞いた話では、祖父母はよく「オールウェイズ」を一緒に歌っていた。１９４６

年に、ふたりが初めてダンスをした曲だ。それは、思い出をかみしめる儀式のようなものだった。

この章を執筆していたときに「オールウェイズ」を探したところ、フランク・シナトラの１９４７年の録音が見つかり、私は夜更けにその曲を聴いた。歌詞をちゃんと聴いたのは、そのときが初めてだった。なるほど、ふたりが結婚したのは当然だと思った――こんな素敵な曲を聴きながら、体を寄せ合って踊ったら、恋に落ちないはずがない。

アーヴィング・バリンは１９２５年に、妻への結婚の贈り物としてこの歌詞を書いた。いつもきみのそばにいるよ、たった1日でも1年でもなく、ずっとそばにいるよ、と誓う歌なのだ。祖父母が初めてこの曲で踊ったときは、それから生涯つづくふたりの愛の物語を聴いているのだとは、知るよしもなかっただろうけれど。

この歌を聴いて胸がいっぱいになった私は、寝ていた夫を起こして、ベッドから引っぱり出した。私は彼の胸に顔をうずめ、ふたりで裸足で踊った――過去とのつながりを感じながら、新たな思い出をまたひとつ積み重ねて。

第5章 困難を乗り越える

キャシー・メリーフィールドは高さ約3・6メートルの飛び込み台の端に立ち、眼下に広がる泥水をにらんでいた。今回、障害物レース「タフマダー」に初挑戦した彼女は44歳、4人の子どもがいる。シューズは脱げないように、粘着テープをしっかりと巻きつけてある。万が一に備えてセーフティー・ダイバーも待機し、友人たちはもちろん、すでに飛び込んだ人たちも一緒になって応援してくれている。ボーイフレンドも来ていて、彼女が飛び込む瞬間をとらえようとカメラを構えていた。

3つ数えたら、友人と一緒に飛び込むことになっていた。だが、ついに3がきたとき、彼女の両脚はがちがちに固まっていた。飛び込み台の上から見下ろすと、地面から見たときよりもずっと高く感じる。胃がキリキリと痛み、気がつけば息を呑んでいた。彼女が

もっとも恐れていた障害物がこの飛び込み台で、自信がなかった。

メリーフィールドは8歳のとき、地元のYMCAの水泳教室に入れられた。ある日、飛び込みの練習をするため、子どもたちは列に並んでいた。やがて彼女の順番が来たが、飛び板のうえで体がすくんでしまい、どうしても怖くて飛び込めなかった。引き返そうとしたところ、インストラクターがはしごを登ってきて通路をふさぎ、飛び板から突き落とすぞ、と脅かした。追いつめられたメリーフィールドは、ついに飛び込んだ。体が勢いよく水中に潜ったとたん、水が気管にどっと押し寄せた。

もう40年も前のことだが、彼女はそのときの恐怖をまざまざと覚えている。

「やるしかないんだ、と思ったのを覚えています。逃げ場がないんだから、はしごをおりちゃいけないんだから、って。どんなに怖くてもやらなきゃいけないと思うと、本当に恐ろしくて」

いま、タフマダーの飛び込み台に立った彼女は、物語の結末を書き換えるチャンスを手にしていた。こんどは飛び込むにせよ、やめるにせよ、決断は自分にかかっている。

彼女は鼻をつまんで目をぎゅっと閉じ、飛び込んだ。

勇気やレジリエンスを表すフレーズには、障害を乗り越える、障壁を打ち破る、重荷を背負うなど、体による動作を比喩として用いたものが多い。逆境に陥ったり、もう耐えられないかもしれないと思ったりしたとき、このような動作を実際に体感するのは効果的だ。

急な坂を登ったり、自力で壁を這いあがったり、みんなで力を合わせて重荷をかついだりすると、自分のなかの忘れていた一面に気づくことができる。

脳は本能的に、体の動作に意味を見出そうとする。つまり、動作に込められた比喩的な意味を実感すると、自分の思いがけない力に気づいたり、周囲の助けを得られることに気づいたりするのだ。

また人間はストーリーテラーであり、その人がどんな物語を語るかによって、自分自身や世のなかに対する考え方が決まってくる。体の動作が私たちにもたらす最大の効果は、強い思い込みが覆されることだ。泥水に飛び込む、三角倒立をマスターする、絶対に無理だと思っていた重量のウェイトをもち上げるなど、運動面でなにかを達成すると、自分自身や自分の能力についての考え方が、がらっと変わる可能性がある。そのような画期的なできごとがもたらす効果は、けっしてあなどれない。

地球上でもっとも過酷なイベント

タフマダーは泥水でずぶ濡れになりながら約16キロのコースを走破する障害物レースで、「地球上でもっとも過酷なイベント」というキャッチフレーズで知られている。私がタフマダーのことを初めて聞いたのは、心理学部の男子学生からだった。彼はこのイベントがいかに面白いかと熱弁をふるい、先生もやってみませんか、と割引コードまでくれた。

インターネットで調べてみたところ、「ボアコンストリクター（大型ヘビ）」、「トレンチ・ウォーフェア（塹壕戦）」、「ラダー・トゥ・ヘル（地獄への梯子）」といった障害物の画像がたくさん見つかった。絶対無理、ありえない、と思ったのを覚えている。

催涙スプレーの充満したトンネルをくぐったり、炎の待ち受けるスライダーを滑ったりするなんて、自分のタフさを証明したいマゾヒストたちのジャングルジムみたい――最初は、そんなふうにしか思えなかった。

タフマダーにそういう印象を抱く人はめずらしくない。たとえば、ジャーナリストのリジー・ウィディクームは、「アリでいっぱいの手袋に手を入れ、刺されて激痛が走っても、数分間、叫び声をあげずに我慢できたら、大人の男の仲間入りを果たす」ような、少年たちの通過儀礼になぞらえている。

だが、いろいろな記事を読み、実際にタフマダーを完走した人たちの話を聞いていくうちに、私はさまざまなストーリーに出合った。彼らは障害物を克服することによって、自分の新たな一面に気づいたり、自信を手に入れたり、汚名を返上したりして、自分を見直すことができたのだ。

タフマダーが実際にどんなものかを理解するため、私はタフマダー社の障害物コースのデザイン責任者、ノーラン・コンボルと連絡を取った。ワシントン州イーナムクロー近郊の牧場で育ったコンボルは、子どものころ、よく家畜用の柵に触れて電気ショックを受けた。彼はその経験を活かし、電流が走る家畜柵のワイヤーを使って、タフマダーでもっと

も悪名高い障害物、「エレクトロショック・セラピー」を考案した。
デザインチームが新しい障害物のアイデアを練るときは、「どうやって参加者たちを苦しめようか？」などと考えているわけではない、とコンボルは説明した。

彼らの目標は、参加者たちがのちのち語りたくなるようなストーリーを生みだすことだ。面白おかしく話すだけなら、「電気ショックに打たれながら走った！」とでも言うだろう。だが、その人にとって本当に大切なストーリーは、「絶対にできないと思っていたことを、やってのけた」なのだ。

障害物デザイナーたちが着目するのは、狭所恐怖症、高所恐怖症、暗所恐怖症など、一般的な恐怖症だ。ポイントは、参加者たちにある程度の恐怖感を与え、乗り越える勇気を奮い起こさせることにある。

ところが、ひとくちに恐怖《フィアー》と言っても、肝心なのはterror《テラー》とhorror《ホラー》を区別する点にあることを、デザインチームは初期の段階で学んだ。テラーは危険なものに対する恐怖だが、ホラーは自分がひどい目に遭うことが予測される、嫌悪感をともなう、ぞっとする恐怖だ。タフマダーの障害物は、テラーの割合が高く、ホラーの割合が低くなるように設計されている。

２０１１年のペンシルベニア大会で試行されたある障害物は、この点で大失敗に終わった。世界でもっとも辛いトウガラシのひとつ、ハバネロペッパーを食べるチャレンジで、きっと話題を呼ぶだろう、大会のまとめ記事でも「トウガラシ食った！」などと騒がれる

だろう、とデザインチームは思っていた。

ところが実際には、参加者たちは怖がりもせず、ただトウガラシを口にほうりこんで、走り続けた——あとでひどい目に遭うとは、夢にも思っていなかったのだ。

「あれはテラーがきわめて低く、結果的にホラーが無茶苦茶に高くなってしまいました」と、コンボルは語った。

教訓を学んだデザインチームは、テラーとホラーの割合の格差を逆転させるべく、アイデアを練っている。そして、新しい障害物はまず従業員たちで試すことにした。その際、従業員たちはチャレンジの前後の恐怖感を、それぞれ点数スコアで評価する。彼らが追求しているのは、危険に対する恐怖（テラー）を勝利の喜びに変える経験だ。参加者たちに、ヒーローのような気分を味わってほしいのだ。

挑戦するか、諦めるか

キャシー・メリーフィールドが高さ約3・6メートルの飛び込み台に立ち、泥水に飛び込もうかどうか迷っていたとき、彼女はタフマダーの障害物のもっとも重要な特徴である、決定の瞬間《ディシジョン・ポイント》に直面していた。どの障害物でも、コンボルたちのねらいは、参加者が「ちくしょう、やってやる！」と奮い立つ瞬間をもたらすことにある。そのためには、参加者をいったん立ち止まらせ、どうしようかと考えさせる必要があるのだ。

初めてタフマダーに参加したロサンゼルス在住のパーソナルトレーナー、ヴィクター・リヴェラは、「アークティック・エネマ」の前に立った。巨大なコンテナに約３６００キロもの氷を投入した、氷水のプールだ。彼は心のなかでつぶやいた。

「べつに、これをやらなくたっていいんだ。強制されているわけじゃない」

氷水のプールをとばして先に進むべきか考えていたとき、リヴェラはふと、そこに潜んでいる意味に気づいた。

「人生には分かれ道がたくさんある――目標へ向かって歩き続けるか、逆境に直面して諦めるか」

挑戦しないで後悔するより、勇気を出してやってみよう、とリヴェラは決心した。

「氷水に20分も浸かるはめになりましたが、思い切ってやってよかったです。ウェイトリフティングや学業だけでなく、子育てでも効果を実感しています」彼は私に言った。

「もう限界だと思うたびに、いやもっとできる、と思い直せるんです」

そんなタフマダーの参加者たちがもっとも躊躇する、究極の障害物は「エレクトロショック・セラピー」だ。縦12メートル、横6メートルの泥の水たまりの上に、ワイヤーが無数に垂れ下がり、1万ボルトの電気が1分間に30回も流れる。屋外で周囲に壁もないため、参加者たちが電気ショックを受けながら駆け抜けていく姿が見える。ほとんどの人は立ち止まって、しばらくようすを見てからなかに入る。

「極度の恐怖と不安に襲われ、ぎりぎりまで悩むんです」コンボルは私に言った。

「あのジレンマを克服するのは、非常に大変なことです」

ほとんどの参加者にとって、目の前に立ちはだかるのは物理的な障壁よりも、むしろ心理的な障壁なのだ。しかも、そうなるように意図的に設計されている。

「『タフマダーに行ってきたよ。ベルトコンベヤーで運ばれていって、電気が流れているワイヤーの下を何度もくぐるんだ』。それじゃ困るんです。まあ、そういうやり方もあるでしょうが」コンボルは語る。

「そうではなく、こう言ってほしい。『障害物の前に立って、挑戦するかしないか考えたんだ』。やるかやらないかは、自分で決めることなんです」

いつまでも強烈な印象を残すように設計されたタフマダーのコースにおいて、「エレクトロショック・セラピー」は何年ものあいだ、最終難関の障害物だった。ほかの手ごわい障害物と異なる点は、極度の恐怖を乗り越える必要があることだ。電気ショックは本物で、実際に体験した参加者なら「本当に痛いよ」と言うはずだ。ヒーローの旅路の最後に、なぜこのような障害物をもってくるのだろう？

私は「エレクトロショック・セラピー」を心理学の観点から考えていくうちに、ラットを使ったある研究との共通点に興味をかきたてられた。その研究では、ラットのしっぽに電極を当てるか、ケージの床に網状の電極板を敷いて、ラットたちに電気ショックを与えた。

予測不可能かつ不可避の方法でラットたちに電気ショックを与えると、うつ病、不安症、

心的外傷後ストレス障害（PTSD）などに似た症状が表れる。ラットたちは食欲をなくし、ほかのラットたちと交流しなくなる。変な物音がしたり、危険を察知したりした瞬間、体がこわばって動かなくなる。

やがて、なにをやっても電気ショックから逃れられないと知ったラットたちは、その他のストレス下に置かれても、自分から状況を改善しようとしなくなってしまう。いわゆる**学習性無力感**と呼ばれる現象だ。

そうなるとラットたちは、水に放りこまれても泳ごうともせず、バケツの底に沈んでしまう。心理学ではこのような状態を**敗北反応**という。

ところが、電気ショックを与えられてもラットが無気力にならず、かえって自信をつけ、勇敢になる場合がある。このように電気ショックがおよぼす心理的影響を逆転させるために重要なのは、ラットが自分で制御できる、何らかの要素を与えることだ。

たとえば、ある実験では、尾に電極を装着させたラットをランニングホイールに置いた。ラットが走り出してホイールが回転するまで、電気ショックを与える。ラットが走るのをやめると、また電気ショックを与えられてしまうが、すぐに走り出せば、電気ショックを短くすることができる。このような場合は、ラットにはうつ病や精神的外傷などの症状が表れないだけでなく、新しい環境に置かれてもひるまず、ストレスに対するレジリエンスが強まることがわかっている。

制御可能な電気ショックを体験して学習することで、恐怖に対する向き合い方が変わっ

てくるのだと考える研究者たちもいる。ラットたちは「電気ショックは平気」「ランニングホイールは楽しい」などと思ったわけではない。「自分で何とかできる」と気づいたのだ。そうすると、恐怖を感じても体が固まらず、行動を起こせるようになる。

タフマダーの参加者たちも「エレクトロショック・セラピー」を走り抜けたとき、「電気ショックって気持ちいい」「こんな痛みくらい耐えられる」などと思ったりはしない。「自分には勇気があるんだ」と気づくのだ。

キャシー・メリーフィールドも、高さ約３・６メートルの飛び込み台から、勇気を出して泥水に飛び込んだとき、同じことを学んだ。

「運動面で自分ができないと思っていたことをやりとげると、自信をもてるようになります。その効果は長続きするため、また人生で大変なことがあったとき、底力を発揮できるんです。自分はどこまでやれるだろう？　どこが限界だろう？　そうやって考えているうちに気づくんです――限界なんてきっとないんだ、と」

困難を前に、人は協力する

タフマダーの障害物には、チームワークを必要とするものが多い。「ブロック・ネス・モンスター」を攻略するには、８人がチームとなって助け合い、プールに浮かんだ巨大な三角柱に順番によじのぼってから、反対側へ降りることで、三角柱を回転させて前進する。

「ホールド・ユア・ウッド」は、4人のチームで大きな丸太を運びながら、たくさんの障害を乗り越えるもので、ブラジル先住民による丸太運び競走を彷彿とさせる。「エベレスト」は、カーブした大斜面に植物油や食器用洗剤が塗られ、ぬるぬるして滑りやすくなっている。参加者が大斜面を駆け登っていくと、先に登った仲間たちがその人の手や足をつかんで、滑り落ちないようにぐっと引き上げてくれる。

タフマダーの初期の大会では、このようなチームワークを求める障害物はほとんどなかった。チームワークの要素が加わったのは、思いがけない困難にぶつかった参加者たちが、自発的に力を合わせて乗り越える姿が目撃されたからだ。

コンボルが初めてそのような場面を目撃したのは、ニュージャージー州の大会で、約3メートルの泥だらけの丘を登る障害物だった。その日の朝に雨が降ったせいで、ぬかるんだ泥は氷のように滑りやすく、丘を登り切った者は誰もいなかった。

すると、参加者たちは協力し始め、脱いだシャツをつなぎ合わせて縄ばしごをつくり、見事に障害物をクリアしたのだ。みんな抱き合って喜び、ハイタッチを交わした。

「本当に感動的でした。あれ以上にすばらしいことなんて思いつかないくらいです」と、コンボルは語っている。そのときの即興のチームワークが、やがて「ピラミッド・スキーム」の誕生につながった。参加者たちが人間ばしごをつくって斜面を乗り越えていき、最後の人を引っぱり上げるのだ。

人びとは協力して困難を乗り越えるのが好きなこと、そして、チームワークを要する障

害物は、人びとの思いがけない一面を引き出すことがわかる。「知らない人から助けを求められたときは、みんな真剣そのものです――任せて、いま助けるよ、って声が聞こえてきそう。助けられる人たちの顔には、感謝の気持ちがあふれています。とても意義深いことです」コンボルは私に言った。

「障害物に立ち向かう人たちの姿を、僕は何時間も見てきました。誰かを助ける瞬間は、誰でもすごく真剣になります。慌てずに、しっかり集中するんだ、と自分に言い聞かせているような、一心不乱の表情です。そのことに注目し始めると、見知らぬ他人同士の助け合いをさらに目撃するようになりました――そういう助け合いを、みんな切望しているんです」

助けてもらう練習

コンボルの話を聞いて私が思い出したのは、大規模な自然災害が発生したあとに人びとのあいだに広まる、さまざまなストーリーのことだ。たとえば、一般の市民たちが見知らぬ人びとを果敢に救助して、安全な場所へ連れていき、また現場に戻って取り残された人たちを助ける。そういう話を聞くと、私たちは感銘を受けるが、多くの人は思わず考えてしまうだろう――私にもできるだろうか？　あんな状況に置かれたら、私でも思いがけない活躍をするのだろうか？

「タフマダーで、知らない人の手をつかんで引っぱり上げて、壁の反対側へ行かせてやる――自分にそんな積極的な一面があったことを発見するのは、たしかに重要な意味をもつでしょうね」と私はコンボルに言った。彼は「そうなんです」と答えたあと、つぎのように指摘した。

「でも、人に助けられる経験をするのも、同じくらい重要なことですよ」

私たちが知りたいのは、いざというときに、自分が誰かを助けられるかどうかだけではない。世のなかにはちゃんと助けてくれる人がいる、と信じたいのだ。

スペインのサン・ペドロ・マンリケという小さな村では、毎年6月23日の夜、火渡り祭りに数千人の観客が集まる。約６７０℃に熱した炭の上を、若者たちが裸足で歩いて渡るのを見物するのだ。人びとは勇気をふりしぼる若者たちの姿を見て感動する――彼らは苦痛に耐えているだけでなく、愛する人を背負っているからだ。炭の絨毯を見事に渡り終えると、群衆は歓声をあげ、家族や友人たちがかけよって、勇者たちを抱きしめる。

このサン・ペドロ・マンリケの儀式の研究者たちは、熱い炭の上を歩いた若者たちと、背負って運ばれた人たちの双方の感情表現を分析した。炭の上を歩いているとき、若者たちの決然とした表情には苦しみがにじんでいた。いっぽう、背負われた人たちの顔は喜びに輝いていた。

私たちがタフマダーのようなチャレンジに惹かれる理由のひとつは、勇者としての自分

を発見する機会になるからだろう。だが同時に、誰かに引っぱり上げてもらったり、運ばれたりして、自分が助けてもらう機会も潜んでいることには、あまり気づかないかもしれない。

互いに助け合う生き物は、人間だけではない。バンドウイルカは、病気で弱った仲間の体を下から押し上げながら泳ぎ、仲間が水面から頭を出して呼吸するのを助ける。セーシェルヤブセンニュウという野鳥は、植物の無数の種が翼にからまってしまったときは、何羽もの仲間たちが集まり、羽毛にこびりついた種をくちばしで取って、飛べるようにしてやる。また、兵隊アリに襲撃されて手足がもげてしまったアリは、同じ集団《コロニー》の仲間のアリたちが巣に運んでいく。

野生の世界では、救助の前には必ず、助けを求めるサインが出される。たとえば病気になったイルカは、警笛のような短い鳴き声を2回あげる。ムシクイはアラーム音のような甲高い鳴き声をあげる。怪我をしたアリは、苦痛を知らせるフェロモンを分泌する。

ところが私たち人間は、自分の弱さを隠すことに慣れてしまったうえに、みな自分のことで頭が一杯になりがちだ。だから、ときにはあえて「ここだよ、助けて」と声をあげ、「わかった、いま助けるよ」と応える練習をする必要がある。

大自然のなかで、動物たちが果敢に仲間を助けるとき、助けられる側の動物は、助ける側の動物あるいはその群れ全体にとって、重要な存在である場合が多い。アリでも鳥でもイルカでも、重要な存在だからこそ助けてもらえるのだ。それと同じように、自分は大切

な存在なのだと実感することも、タフマダーのようなイベントがもたらす喜びのひとつかもしれない。

私たちがソーシャルメディアで披露するのは、豪快な自慢話だ。

「電流がビリビリ流れるワイヤーをくぐって走り抜けた！」

けれども、あとになって感謝の気持ちで思い出すのは、べつのストーリーだろう——あのとき助けを求めた私の手を、つかんでくれた人がいた。

「動きの質」で自己認識が変わる

19世紀の初め、スコットランドの哲学者、トマス・ブラウンは、筋肉は私たちが自分という個人を認識するための、ひとつの「感覚器官」であると主張した。私たちは体の動きと筋肉の収縮をとおして、「自己」が実際に存在し、世界とふれ合っていることを実感するのだ。

ブラウンは、約１００年後の科学的発見を予見していたことになる——私たちが体を動かすたびに、筋肉や腱や関節にある感覚受容器が、体のどの部分がどう動いているかを脳に伝えるのだ。たとえば、あなたが目を閉じたまま片腕を上げても、腕の位置が動くのを感じるため、空中のどのあたりに腕があるのかがわかる。わざわざ見て確認しなくても、自分の体の位置を感覚で認識できる。

自分の体の動きを認識する能力は、**固有受容**と呼ばれ、「自分自身」と「把握すること」を意味するラテン語に由来する。固有受容はときに「第六感」とも呼ばれ、空間をうまく移動するのに役立つ。

だがそれだけでなく、固有受容は自己概念の形成においても、きわめて重要な役割を果たしている。つまり、自分はどんな人間で、他人からはどう見えているかを認識することだ。これが「私」だという自己認識の感覚を生みだす脳の領域は、体の筋肉や関節、心臓、肺、消化器に加えて、重力の方向を感知する内耳のカルシウム結晶の振動からも、信号を受信する。これらの内因感覚が、広い意味での「自分らしさ」を形成しているのだ。

あなたが自分という存在を根本的なレベルで認識しているのは、「腕が伸びています、脚を蹴っています、脊椎が回転しています、心臓が鼓動しています」という信号が、体から送られてくるためだ。ところが、神経疾患によって固有受容のフィードバックが正常に機能しなくなると、自分の腕が動いているのを見ても、他人の腕かと思ってしまう。まさにそうした患者は、「手足を失くしたような感じ……まるで他人の影のようです」と述べている。

自分自身のイメージを形成するうえで、固有受容の重要性は、「これは自分の腕だ」という認識よりもはるかに高い。スポーツ、ダンス、ランニング、ウェイトリフティングなど、どんな運動をおこなうときも、瞬間ごとの自己認識は、動作の性質によって形成される。

たとえば、優雅な動きをするときは、脳が手足ののびやかさや、なめらかな足取りを感知し、「私は優雅だ」と認識する。迫力のある動きをするときは、脳が筋肉の強い収縮をエンコードし、動作のスピードを感知することで、「私はパワフルだ」と認識する。力を込めた動作をするときは、脳が筋肉の抵抗と腱の張りを感知し、「私は強い」と認識する。

こうした感覚が、自分はどんな人間で、どんな能力をもっているかについて、説得力のあるデータを提供する。

私の双子の妹は以前、走っているときでいちばん好きなのは、「ものすごくつらいとき」だと語った。思わず私が笑うと、彼女はこう説明した。

「原始的な感覚よ。こんなにきついのに、まだがんばろうとする自分がいる。私ってタフだな、って実感するの」

私たちは、自分の思いがけない一面を発見できるスポーツに惹かれることも多い。パメラ・ジョー・ジョンソンはずっと運動が苦手だったが、50歳のとき、ミネアポリスの小学校のカフェテリアで開催された運動教室で、ケトルベル［丸い鉄球に取っ手のついた、やかん型のトレーニング器具］に出合った。ジョンソンはケトルベルのスイングを、「かつて経験したことがないほど楽しい動き」だと述べている。

ジョンソンは、まずは正しい姿勢を取るのが肝心だと考えている。両脚を腰幅に開いてしっかりと立ち、重量約20キロのケトルベルの取っ手を両手で握りしめ、両腕をまっすぐ

下に伸ばす。

「両手の握力と重量による抵抗があいまって、まるで巨人に立ち向かうような気持ちです」ジョンソンは私に語った。

ヒップを固定して前傾姿勢を取り、上体は胸を開いて肩を後ろに引く。股のあいだにベルをくぐらせて後方へスイングさせ、こんどはシュッと音を立てて短い息を吐きながら、ベルを前方へぐっともち上げる。これをすばやく繰り返す。

「とても単純ですが、からだ全体を使った動きで、強さとバランスと美しさをあわせもっています。力がみなぎって、高揚感を味わえるんです」

ジョンソンの話を聞いてから約1か月後、彼女がフェイスブックに投稿した写真を見た。雷雨による倒木が、2車線にまたがって道路をふさいでいる。ジョンソンは空港へ向かうタクシーに乗っていたが、前方の数台の車が、中央分離帯を横切って引き返してくるのが見えた。投稿にはこう書かれていた。

「運転手さんと私は引き返さずに前方に進んで、倒木を移動できるかどうか見てみることにしました」

ほかにも女性2名と男性4名が加わり、倒木を動かすのを手伝った。私はその投稿を読んだとき、ケトルベルをスイングしているジョンソンの姿がたちまち目に浮かんだ。ベルをスイングするたび、力の湧き上がる感覚が彼女の自己認識に浸透していく。自分自身を力強いと感じると、目の前にたちはだかる障害に対する見方が変わってくるのだ。

もしケトルベルのトレーニング経験がなかったとしても、ジョンソンは倒木を動かせると思っただろうか？　私はメールで彼女にたずねてみた。

「倒木をこの目で見た瞬間、私は無敵だと感じたんです」ジョンソンの返事にはそう書かれていた。まるで彼女の神経系が即座に勝算をはじきだし、20キロのベルをスイングするときの高揚感を呼び起こして、「私は巨人に立ち向かえる強者だ」と思い出させたかのようだ。

「どうせ私なんて」を覆す

もし頭のなかで、「どうせ私なんて歳だから、不器用だから、太っているから、調子が悪いから、体力がないから……」などという声が聞こえても、体を動かすときの感覚には、それを覆すだけの説得力がある。自分自身についての頑固な思い込みでさえ、実際に体で経験することによって払拭される場合も多い。新しい感覚の強烈さは、古い記憶やストーリーをしのぐからだ。

心理的外傷の既往のある人びととのトレーニングを担当している、筋力トレーナーのローラ・コウダリーはつぎのように述べている。

「小柄なせいだけじゃなく、生活環境のせいで、自分は小さな存在だと思い込んでいた女性たちを、何人も見てきました。そういう人たちが、自分ではとても無理だと思っていた

重量のウェイトをもち上げると、さっそうとした足取りで帰っていきます。予想以上に重いものをもち上げたことで、自分が思っている以上の実力を発揮できることを、みずから示したのです」

ユニテリアン・ユニバーサリスト協会の牧師で、「クロスフィット」ジムでコーチを務めるケイティ・ノリスも、「パートナー・キャリー」というエクササイズをとおして、思いがけない発見をした。このエクササイズでは、パートナーを肩にかつぐか背負うかして走る（クロスフィットが消防士や緊急要員や兵士たちに人気があるのは、仕事に直結したスキルを身に付けられるためだ）。

ノリスは地元オハイオ州クリーブランドのクロスフィットに入会したとき、パートナー・キャリーだけは「この体じゃ無理に決まってるから、絶対にやめておこう」と思っていた。

そのため、パートナー・キャリーがメニューに入っている日には、彼女は代わりにサンドバッグのエクササイズをした。体力的な不安だけでなく、他人と体を密着させることに不安があった。

「女性の容姿はこうあるべきといった基準のようなものが、いろいろあるじゃないですか。私はどんな点でも劣っていました――背は低いし、太っているし、汗かきだし。ずっと、自分の体を恥ずかしいと思っていました」

けれども、クロスフィットでトレーニングを続けるうちに、ノリスは体力がつき、新し

いスキルも身に着け、不得意なことにも少しずつ挑戦するようになっていった。やがて、夫と息子もジムに入会し、よくみんなで一緒にトレーニングをするようになった。一家でカリフォルニア州リッチモンドへ引っ越してからも、最寄りのクロスフィットのジムを見つけた。だが7年経っても、彼女はまだパートナー・キャリーには挑戦していなかった。それだけは無理、自分の限界を超えていると思っていたのだ。

やがて、ある夏の日にビーチで開催されたレッスンのメニューには、50メートルのパートナー・キャリーが含まれていた。ノリスは思い切って、夫と組んで参加することにした。もし彼を落としてしまっても、砂の上ならひどいことにはならないだろう、とノリスは考えた。そして、自分に言い聞かせた——どうせこんな体だからとか、あれはできるけどこれは無理とか、そういう思い込みにとらわれるのはもうやめよう。いまやっていることにしっかりと集中しよう。

夫が背に乗ると、ノリスは深呼吸をし、体幹の筋肉に力を入れて前傾姿勢を取った。夫の腕をしっかりと巻きつかせ、彼の体を両腕でぐっと自分に引き寄せると、ノリスは夫を背負ったまま砂浜を歩いていった。当時12歳の息子がそのとき撮った写真がある。決然とした表情のノリスは、サン・ペドロ・マンリケの火渡りの祭りで、熱い炭の絨毯を歩いていく勇者のようだ。

50メートルの表示にたどりついた瞬間、彼女は心底驚いてしまった。

「ほんとに不思議でした。夫を背負っていたのに、ふっと軽くなったような感じがしたんです」ノリスは私に言った。

「大失敗するんじゃないか、やっぱり私には無理なんじゃないかと、くよくよ悩んでいたことが頭から消え去っていました。大丈夫、という安心感があったんです。本当に誇らしく思いました」

　それをきっかけに、ノリスは知らない人と組んでパートナー・キャリーに参加できるようになった。そのことで自信がついたと同時に、謙虚な気持ちになったという。

「私は牧師ですから、ものごとの精神的な面に注目します。誰かが自分を信頼して、背中に乗ってくれる——これは名誉なことです。大きな責任を感じます。少し緊張しますが、気合いが入るんです」

　この画期的なできごとによって、意識が大きく変わった彼女は、やがてクロスフィットのコーチになった。

「私にとって牧師の務めとは、人びとが本当の自分を見つけることで、その人らしい生き方を見出す手助けをすることです。私たちは体を動かすことによって、精神的にも、感情的にも、肉体的にも、宇宙との関係についても、深い気づきを得ることができます——新たな自分を見出すのです」

障害のある人専門のトレーニングジム

バージニア州フェアファックス郡にあるフィットネスジム、「DPIアダプティブ・フィットネス」を訪れたとき、まず目に付くのは「ウォール・オブ・グレイトネス」だ。約120平米のジムの縦側に沿ってそびえ立つこの壁には、やる気が出る言葉がずらりと並んでいる。

「信じればきっと達成できる」

「最初に脱落するな」

「サード・アンド・スリー［アメフト用語］、俺に任せろ」

DPIでは誰でもトレーニングできるが、体に障害のある人びとのトレーニングを専門とするジムで、ここにかよう人の多くは、脳卒中や脊髄損傷、手足の切断などを経験している。

このジムにあふれる熱気は、はっきり言って猛烈だ。いつ訪ねても、脳性まひの少年がサンドバッグをたたいていたり、車椅子の女性たちがふたりでバトルロープ［長く重たい縄を波打つように動かし続ける］で競い合っていたり、ハーネスを装着した歩行器の男性がタイヤを引きずって前進していたりする。

インターネットラジオ「パンドラ」のポップソングや、ヒップホップ・パワーワークア

ウトのプレイリストの曲が流れるなか、「さあ、行け！」「その調子！」とトレーナーたちの檄が飛ぶ。

このジムのオーナー兼設立者のデヴォン・パレルモは、現在38歳。丸刈りに屈強な体躯で、ブートキャンプのリーダーのような風貌だ。私は彼に会い、ウォール・オブ・グレイトネスについて話を聞いた。

「ここにジムを開いたとき、みんなの目標達成を目立つ方法で告知したいと思ったんです。新しくジムに入会した人たちに、まず知ってもらいたいんですよ。このジムではやる気のある人には、1回や2回では達成できない、やりがいのある目標を設定します。その目標を見事に達成したら、あのウォールに自分の名前とやる気が出る言葉が掲載されるんです。そうやって、ほかの人たちに刺激を与えるんですよ」

私はそれぞれの言葉の裏にあるストーリーに興味を引かれた。誰がどんな目標を達成してウォールにその名を記したか、この人は覚えているのだろうか？

パレルモは満面の笑みを浮かべた。「全部覚えてますよ」

彼はそう言って、「情熱を燃やし続けよう！」という言葉を指差した。脳卒中を経験した50代半ばの女性、ミス・ルースの言葉だ。理学療法のあとにＤＰＩでトレーニングを始めたとき、彼女はトレーナーとともに目標を設定し、体のバランスと歩行を改善することにした。ウォール・オブ・グレイトネスに名前を載せるには、スクワットマシーンで５００回を達成しなければならなかった。

「連続で？」私は訊いた。

「そうです」パレルモは答えた。「あのあと、彼女は１０００回の目標も達成したんですよ」

高強度運動（ＨＩＴ）は、最初の外傷から数年経っている場合でも、外傷や脳卒中の予後を有意に改善することがわかっている。

「安全への配慮は必要ですが、少し無理をしてがんばらないと」パレルモは言う。

ジョアンナ・ボニーラは35歳のアスリートで、ＤＰＩでトレーニングに励んでいる。

２０１２年4月1日の朝、ボニーラは背中の激痛で目が覚めた。彼女には自己免疫疾患の紅斑性狼瘡《ろうそう》という持病があり、関節の痛みはめずらしいことではなかった。だがその日は、背中の痛みがあまりにひどくて、歩くのもままならなかった。

母親に説得されて急病診療所に行ったところ、当直の医師からステロイドを処方され、専門の病院へ送られた。脊椎の損傷部分を調べるためにＭＲＩの装置に入ったときは、まだ両脚の感覚があった。しかし、スキャンが終わったころには、腰から下の部分が麻痺してしまっていた。

それから数か月、ボニーラは入退院を繰り返し、安静状態を保ったまま、化学療法やプラズマ入射や輸血がおこなわれた。だが効果はまったく表れず、運動機能の喪失は深刻だった。

「とにかくなにもできませんでした」ボニーラは語った。

「自分の体に裏切られた思いでした。人生の絶頂で、絶望に突き落とされたんです。両脚が私を見捨てたんだ。そう思いました」

だが12週間のリハビリによって、車椅子を使えるようになると、理学療法士が彼女をパレルモに紹介した。

「あれは私の人生で最高のできごとでした」ボニーラは言った。

「理学療法では、進歩といっても『あ、つま先を上げられましたね』くらいです。でもジムでは、１３０ポンド〔約58キロ〕を持ち上げるんですよ。結果を出せるのはうれしいです。自分でコントロールできるんだ、と思えますから。うつ病になる人が多いなか、私は彼のおかげでうつ病にならずにすんだのです」

パレルモは大きな目標を設定するよう、ボニーラに勧めた。そのひとつは、また車を運転できるようになること。そのためには、車椅子から車の運転席へ自力で移動できるように、上体を鍛える必要があった。

「まさかできるとは思っていませんでした」ボニーラは言った。

「でも、デヴォンが言ったんです、『3か月で達成してみせよう』って。そしたら本当に、3か月後に車に乗れるようになったんです」

彼女のトレーニングメニューには、ボクシングが取り入れられた。さらに、ウォール・オブ・グレイトネスに名前を載せるため、パレルモとのスパーリングで30秒間に１００回

のパンチを繰り出すという目標を達成した。

「まさか女の私がいいパンチを打てるようになるとはね。30秒で１００回パンチを打つのは、誰にでもできることじゃありません」ボニーラは私に言った。「パンチを打っているときは、途中で諦めるのも、腕や肩の痛みを乗り越えて最後までやりとげるのも、すべて自分しだいです。それがいいんです」

ウォールに書く言葉として彼女が選んだのは、「諦めずにがんばろう」だった。以前、体が麻痺するまえに通っていたジムでも見かけた言葉だ。

「この言葉を見ても、以前は何とも思いませんでした。でもいまは、そのとおりだと実感してます」

ボニーラの新しい目標は、脚にギプスを装着して歩くことだ。歩くなんて、また運転ができるようになるよりも、さらにあり得ないことだと以前は思っていた。

私は彼女に、6年ぶりに歩けるようになる可能性が現実味を帯びてきたことを、どう思っていますかとたずねた。

「そこまでできるとは、考えたこともありませんでした」彼女は言った。

「あのときの診断を考えたら、たとえギプスをはめても、脚をもち上げて歩くなんて無理に決まっていましたから。先生たちもわけがわからないようですが、もうすぐできそうなんです」

その準備として体幹を鍛えている彼女に対し、パレルモは懸垂に挑戦するよう指示した。

米海兵隊の体力テストでは、女性の海兵隊員は最低10回連続で懸垂ができなければ、最高得点を獲得できない。男性隊員の場合は、最低23回。ところがボニーラの目標は、なんと連続１００回だという。

「歩けるようになるには、腹筋も腕力も鍛える必要があるんです」ボニーラは私に言った。彼女が懸垂をしていると、途中でパレルモが「動きを止めて」と指示することがある。そんなとき彼女は、校庭で遊んでいた子どものころを思い出す。

「鉄棒の上にいると、両脚を蹴り上げているつもりになるんです――子どものころ、そうやって遊ぶのが好きだったのを覚えているので。もう自分の体に対して、怒りは感じません。自分の両脚に語りかけてます。『いまは休憩しているんだよね。べつにいいよ。でも、必ず一緒にやりとげよう』って」

「目的なき希望は長続きしない」

１８２５年、詩人のサミュエル・テイラー・コールリッジは、ある詩のなかで「目的なき希望は長続きしない」と綴った。現代の心理学者たちも同じような結論に達している。つまり、人間は明確な目標を切望し、具体的な目的をもつことで努力することができる。希望について厳密な分析をおこなったポジティブ心理学者、チャールズ・Ｒ・スナイダーは、人生において困難を粘り強く乗り越えるためにきわめて重要な心理状態には、３つの

必要条件があることを突きとめた。

第1は、明確な目標。希望が長続きするために必要な目的だ。第2は、目標に到達するための道筋や方法。進歩するには、一歩一歩、着実に進んでいく必要がある。第3は、自分にはそれをやりとげる力があると固く信じること。自分には能力があり、必要なサポートを得ながら一歩ずつ進んでいける、と信じる必要がある。

ＤＰＩアダプティブ・フィットネスは、希望を育む場所と考えてもいい。ＤＰＩではすべての会員が、「運転できるようになる」「歩けるようになる」など、自分にとって重要な目標を設定する。つぎに、トレーナーたちは具体的な運動目標を設定し、目標を達成するための道筋を示す。たとえば、体力やスタミナをつけるために必要な、スクワットや懸垂の目標回数を決めるなどだ。

ＢＧＭからトレーナーの態度にいたるまで、会員たちを取り巻く環境のすべてが、「目標を達成できる」という自信を深められるように配慮されている。トレーナーたちは、会員がそのつど進歩を実感できるように心がける。

「体験レッスンに来た人たちは、歩行訓練などで進歩していくメンバーの姿を目撃すると、なぜかいつもトレーナーに向かって、すごいですね、と言うんです」パレルモは言った。

「だから僕は、『彼らに直接、すごいねと言ってあげて！』と言っています」

さらにトレーナーたちは、会員の目標達成の瞬間を記録して、みんなで喜びを分かち合い、ともに祝えるようにしている。パレルモは、そろそろボニーラもボクシングのチャレ

ンジ目標に挑戦してもよい時期だと判断し、ビデオで撮影することにした。そうすれば、本人もあとから動画を観て、自分がどれだけたくましくなったかを実感できるし、ほかの人たちにも見てもらえる。

「私は大げさに自慢するのは好きじゃないんです」ボニーラは私に言った。

「でも彼が動画を撮ってくれたのは、どれだけ大きなことを達成したか、私自身が理解できるようにするためです」

またＤＰＩでは、会員の友人や家族にも、一緒にトレーニングをするように勧めている。トレーニングの効果が上がり、より有意義になるからだ。家族がそばにいるだけで、会員たちのトレーニングへの向き合い方や自信のもち方が変わってくる。

ある研究では、同じ斜面を見ても、友人が同伴している場合はひとりのときとくらべて、斜面の勾配がゆるやかに感じられることがわかった。

また、２００７年のある医学雑誌では、パーキンソン病の65歳の男性の症例が報告されている。この患者は歩行困難で、ほんの数歩でも体のバランスを失ってしまう。彼の住む北イスラエルのある地方は、何度もカチューシャ・ロケットやモルタル・ロケットによる爆撃に遭っているが、空襲警報のサイレンが鳴っても、その男性は避難所へ走っていくことができなかった。

ところがある日、爆撃が始まって妻が彼の腕をぐっとつかんだとき、彼は椅子から立ち上がった。つぎの瞬間、気がつけば彼は歩き出し、やがて走り出していた。

神経科学者たちは、彼の運動能力が目覚めたのは緊急事態のせいではなく、無我夢中で妻について行こうとしたためだと結論づけた。

家族や友人の参加をうながすＤＰＩの方針には、もうひとつの利点がある。成功の瞬間を、大切な人たちに見守ってもらえるからだ。目標の達成を親しい人にその場で祝ってもらえたら、ますます意義深いものになる。

「希望」が脳に与える影響

アンドレはウォール・オブ・グレイトネスに「信じればきっと達成できる」という言葉を捧げた。ＤＰＩにやってきたとき、彼は脳損傷と脳卒中のせいで歩行がきわめて遅くなっていた。すぐ近くの駐車スペースからジムの正面玄関まで歩くのに、10分かかることもあった。

パレルモはアンドレの持久力を鍛えるため、弱いほうの脚で5分間立つという、意欲的かつ大胆なチャレンジ目標を与えた。初めて挑戦したとき、アンドレは片脚でまっすぐに立つことさえできなかった。だがやがて、耐えられる時間が延びていった。よく妻が一緒にいて、彼を励ましていた。アンドレがついに目標の5分をクリアして、ウォールに名前が載ったときも、ふたりでそれを見て喜び合った。

ＤＰＩで会員たちが取り組んでいる目標は、客観的にも目をみはるものがあり、ウォールに名前の載った人たちが達成した内容は、どれも驚きに値する。タフマダーの障害物を克服するのと同じように、そこには語るべきストーリーや、ソーシャルメディアに投稿したくなるような写真や動画があれこれ存在する――堂々と自慢したくなるのも当然だろう。

　パレルモは新しい会員のチャレンジ目標を考えるとき、その人の性格を考慮する。ありふれた内容ではなく、障害の有無にも関係なく、ほとんどの人にはできないことを目標にしたいのだ。彼が探しているのは、その人の情熱に火をつける目標。達成した暁には、その人の進歩と潜在能力の決定的な証拠となるものだ。

『病を癒す希望の力――医療現場で見えてきた「希望」の驚くべき治癒力』（草思社）において、ハーバード大学医学部教授のジェローム・グループマンは、希望を「心の眼で、より良い未来へとつづく道を見るときに経験する高揚感」と定義している。ＤＰＩで育まれるような希望は、実際のトレーニングに役立つ効果を生む。

　ある実験では、参加者たちの心に希望を呼び起こすため、重要な目標を達成したときのことを思い出し、将来の目標に向かって努力するなかで、その経験がどのように役立つと思うかを考えてくださいと指示した。つぎに、各参加者は氷水のなかに片手を入れ、できるだけ長く我慢した。参加者が希望を呼び起こしてから氷水に手を入れた場合は、そうしなかった場合にくらべて、１分間長く耐えることができた。

この1分間がどんな差をもたらすか、考えてみてほしい――懸垂や片足立ちをしているときは、1秒長くもちこたえるごとに、明日はもっとできるようになる可能性が開けるのだ。

さらに、つらいトレーニングは目標の達成に役立つと考えると、その人の脳では、運動による高揚感を引き起こすエンドルフィンや、内因性カンナビノイドの血中濃度が上昇する。自分が何のために努力しているのかをしっかりと認識し、いまやっていることはとても重要だと信じていれば、脳内化学物質の作用をうまく利用して、痛みや疲労を乗り越えることができる。

希望が重要だからこそ、ＤＰＩのジムにやってきた会員たちは、まずウォール・オブ・グレイトネスを目にする。このウォールは、敷地内のどの場所からも見えるようになっている。ジムでの目標は達成可能であることを、つねに思い出させているのだ。ウォールに名を載せた人たちにとっては、目標を達成した証拠であり、新しい会員たちにとっては、自分はどんな目標を達成できるだろう、と考えるきっかけになる。

私が初めてジョアンナ・ボニーラに会ったとき、彼女はその前日の夜にジムで耳にした会話について話してくれた。新しい会員に、脳卒中を経験した50代の男性がいる。その男性は、「どうすれば、僕もウォールに自分の名前を載せられますか？」とトレーナーに質問した。

ボニーラは言った。

「その人はウォールをじっと見つめていました。自分の言葉はどのあたりに載るだろう、と想像しているようでした。『絶対に実現する。僕の名前はあそこに載るんだ』という声が、聞こえてくるようでした」

「共感」が自分の可能性を広げる

私の好きなテレビ番組のひとつ、「アメリカン・ニンジャ・ウォリアー」「日本の「ＳＡＳＵＫＥ」のアメリカ版」では、さまざまな職業や立場の出場者たちが、強靭な体力と超絶なスキルを要する障害物コースに挑戦する。

この番組を観ていると、ときどき妙なことが起こる。体が反射的に、出場者たちに手を貸そうとするのだ。たとえば、出場者が必死にバランスや握力を保とうとしている姿を見ると、私も手助けしているかのように、体幹に力が入ってしまう。出場者が体を大きく振って飛び降りるときは、ソファーに座った私も着地を助けるかのように、体をぐっと傾けて体重を移動させている。

初めてそんな自分に気づいたときは、ちょっとバカみたいな感じもしたけれど、うれしくもあった。出場者たちの奮闘する姿を見て応援していただけで、共感的模倣が引き起こされたのだ。

体の動きは、見ている人にも交感神経反応を引き起こす可能性がある。たとえば、ホー

ムベースをめがけて全力疾走する野球選手を見ていると、こちらまで心臓がドキドキする。飛行機からスカイダイバーが飛び降りるのを見ているだけで、胃が飛び出そうになる。ランナーがゴールを通過してこぶしを振り上げるのを見た瞬間、思わず大声で喝采を送ってしまう。

　このような心身不可分な共感は、まちがいなくスポーツやダンスやスタントを鑑賞する醍醐味のひとつだろう。作家のジョナ・レーラーはこう述べている。

「コービー・ブライアントがダンクシュートを決めようとして、ゴール下へドリブルで切り込んでいくのを見た瞬間、僕の脳の前運動皮質の細胞はだまされて、この僕がリングに触れているのだと思い込んでしまう。コービーがスリーポイントシュートを決めると、まるで自分がシュートを決めたかのように、僕の脳内のミラーニューロンが活性化するのだ」

　脳のこのような認識のしかたは、誤った思い込みというより、むしろ進化上の利点ではないだろうか？

　人間の共感力は、他人の動作を観察して解釈するミラーニューロン系の働きに根差している。あなたの体が他人の動作に共感して動くのは、互いを理解しようとする人間の本能によるものだ。

　私たちは共感することによってスリルや感動を覚えるだけでなく、自分自身の可能性が広がる感じがする。１９３６年、舞踊批評家のジョン・ジョゼフ・マーティンはつぎのよ

うに述べている。

「我々は人体の動きを目にするとき、このような動きを可能とする潜在能力が人体にあるならば、自分にもできるはずだと考える」

他人の動作を目にするとき、あなたはその動作をただ認識するだけではなく、固有受容感覚でとらえている――つまり、自分の体にその感覚が取り込まれるのだ。

共感はこのようにして、あなたが見たものを感覚的に実感させる。アスリートが競走する姿や、ダンサーの踊る姿や、子どもの遊ぶ姿を見ていると、あなたは無意識のうちに、それを自分の体の動作のように感じている。だからこそ、他人の動く姿を見ることは、ただの視覚的経験ではなく、理屈抜きの本能的な経験となる。無意識のうちに、他人の動作に共感を覚えるとき、あなたはその人の動きを「自己」の一部のように感じるのだ。

私たちの体は、他人の力強さ、スピード、優雅さ、勇気などを見て感じることによって、人間にはどこまでできるかを学習する。私がタフマダー大会の動画や、ＤＰＩアダプティブ・フィットネスのトレーニング動画を次々に観ていたのは、そういう理由もあったにちがいない。たんなる研究のためではなく、刺激を受けていたのだ――私は感情や脳だけでなく、心も体も深く揺さぶられた。他人の動く姿を見て感動することは、希望をつかむ方法でもある。

ジョアンナ・ボニーラと初めて会話を交わしてから4か月後、私はバージニア州フェア

ファックス郡のＤＰＩアダプティブ・フィットネスに立ち寄った。前回話したとき、ボニーラは、ひょっとしたら脚にギプスを装着して歩けるようになるかもしれない、と思い始めていた。長いあいだ可能性が低いように思われたが、トレーニングの成果が出始め、もう少しで達成できそうなところまできた。ボニーラが必死に努力していることは私も知っていたものの、驚くべき光景を目撃することになるとは思ってもいなかった。

ボニーラは車椅子で通常のトレーニングをこなしたあと、特注の脚ギプスをふたつ取り出した。太ももからすねを固定するためのストラップを片方ずつはめると、白いプラスチックの長下肢《ちょうかし》装具に足を入れ、黒いスニーカーの紐を結んだ。

やがて立ち上がった彼女は、歩行器の手すりにつかまって、ジムのフロアを歩き回ったのだ。

ＤＰＩでのトレーニング経験について語ることを承知してくれたとき、ボニーラは偽名の使用を希望していた。めずらしいことではない。多くの人は自分の体験談を喜んで語るが、世間の注目を集めることは望まないからだ。彼女はウォール・オブ・グレイトネスにも本名ではなく、ニックネームの「オタク（the nerd）」にちなんだイニシャルT.N.を載せた。知識欲の旺盛なボニーラは、いつもＤＰＩのトレーナーたちを質問攻めにしていたからだ。

ところが取材で私と会って話をしたあと、ボニーラは考えを改め、本名を使ってもかまわないと言った。

「自分を隠すのはフェアじゃないと思ったんです」彼女は言った。

「みなさんに私の経験から学んでいただけたらと思っています。もし大きな目標に怖気づいてしまって、誰かの励ましが必要なら、遠慮なく私に連絡してほしいんです」

そんな彼女は、まるで障害物の上から手を差し伸べているようだった——見知らぬ人の手をしっかりとつかんで、ひっぱり上げ、乗り越えさせるのだ。

第6章 いまを大切に生きる

スーザン・ハードにランニングの話を聞いたのは、ペンシルベニア州イーストンにある彼女の自宅のオフィスだった。46歳でふたりの子の母であるハードは、小児がん研究振興財団セント・ボルドリックスで、大口寄付担当の主任を務めている。

彼女のオフィスには、5キロマラソンやハーフマラソンのメダルや写真を収めたフレームが、いくつも飾られていた。糸でつながれた色とりどりの千羽鶴も壁から下がっている。希望を運ぶ千羽鶴は、息子のデイヴィッドが企画したプロジェクトだった。デイヴィッドは10歳のとき、がんで亡くなった。彼は全米の小児病院に折り紙の鶴のモビールを届けたいと思っていた。

彼が8歳のとき、腎臓と大動脈と大静脈を包み込んでいる、神経芽細胞腫が見つかった。

超音波検査で確認したところ、神経芽細胞腫が心臓を締め付けそうになっていた。

そんなとき、近所の人から申し出があった。当時流行っていた、リブストロング財団［がん患者および家族の支援をおこなう非営利団体］の黄色いシリコンバンドのようなブレスレットを製作したい。それを地元のみんなで腕につけて、デイヴィットと家族を応援したい、という話だった。ハードはデイヴィッドに、ブレスレットにどんな言葉を刻んでほしいかとたずねた。デイヴィッドは考えて、「いまを大切に生きよう」に決めた。

家族はその言葉を実践するため、最善を尽くした。化学療法や手術や放射線治療に耐える日々が続くなか、ときには裏庭に出て水鉄砲で遊んだり、キッチンでダンスパーティーをしたり。休暇には家族旅行を楽しんだ。

あるとき、募金集めのイベントで自分の体験を語ることになったデイヴィッドは、思わぬ行動に出て母を驚かせた。彼は聴衆に向かってこう言った。

「キックオフとして、いまからぼくのお母さんが坊主頭になります！」

言われるがままに、ハードは頭を剃った。力が湧いてくる感じがした。

しかし、ほどなくがんが悪化し、ついに治療の手立てが尽きた。２０１１年2月10日、デイヴィッドは亡くなり、ハードは深刻なうつ病に陥った。

息子の死からまもなく4年を迎える大晦日の夜、ハードはソファーに座って考えていた。こんなんじゃ生きているとは言えない。私はなぜここにいるの？

そんな思いが繰り返し頭に浮かんでくるなか、彼女は自分の胸に問いただした。

本当にそうなの？　生きていたくないって、本当に思ってる？

そういえば、夫がクリスマスにフィットビットのスマートウォッチをプレゼントしてくれた。運動でも始めたら少しは気が晴れるかもしれない――彼女はそう思った。

「まわりの人には、『いまを大切に生きよう』と言い続けていました。でも口先だけで、行動がともなっていなかったんです」彼女は私に言った。

「どうにかして立ち直りたいと思いました」

ハードはまず、犬の散歩の回数を増やした。さらにクロストレーナーマシンで体を鍛え始め、30分も持続できるようになった。やがて数か月後には、地元のランニンググループに参加した。

ランニンググループでは、リーダーが全体の走るペースを決める。ハードが初参加したとき、彼女がついていけないと思わないように、リーダーはいつもよりペースを落とした。

「まったくの初心者だった私は、それさえ気づかなかったんです」ハードは言った。

「続けてこられたのは、みんなのおかげです」

1年中、グループのみんなで屋外を走る。魚の孵化場のまわりを約9・6キロ、ぐるっと1周するのだ。

「やっぱり屋外は気分がいいですね。心が休まるというか。その日の天気や、陽射しや、

風を感じながら走るのは、たまらなくいい気分です。生きている、世界とつながっている――そんなふうに、いつもとはちがう実感を得られるんだと思います。いつもより世界がよく見えて、よくわかるような気がするんです」

　やがて走っているときに、思いがけない経験をするようになった。

「お母さんたちがよく、『子どもの夢を見るの』って言うんですよね。でも私がデイヴィッドの夢を見るときは、いつも悪夢なんです。実際に起きたひどいできごとを、夢に見てしまって」

　ところが屋外を走っているとき、デイヴィッドの存在を感じるようになったのだ。

「走っていると、心底リラックスした状態になるときがあります。体を動かしているうちに、心が解き放たれる。そうすると、デイヴィッドがそこにいるのを感じるんです」

「キツネが目の前を走り抜けていったり、小鳥が枝から姿をのぞかせたり、リスがおちゃめな動きをしたり――そういうことに気づくとき。〝ハイ、デイヴィッド〟と心のなかで呼びかけてしまうのは、そんなときです。感じるんですよ。ぼくはここにいるよ、ってあの子が教えてくれるんです。本当にすばらしい瞬間です。

　私たちはいつも、愛しい人の存在を感じたい、ひと目でいいから会いたい、と心のどこかで待ち望んでいるのでしょう。私にとっては、あの子に会えるところは、自然のなかだったんです」

グリーン・エクササイズの効果

心理学では、自然のなかでおこなう運動を**グリーン・エクササイズ**と呼ぶ。どんな運動であれ、屋外で体を動かし始めて5分もすると、気分が明るくなり、楽観的になることがわかっている。

重要なのは、たんに気分がよくなるだけでなく、日常生活の悩みごとから離れて、生命のつながりを強く感じることだ。散歩をすると体内時計のペースが遅くなり、時間が長くなったような感じがする。

植物の豊富な環境にいるだけでも、自分の生き方をよく見つめられるようになる。また、美しい自然のなかで過ごした時間を思い出すだけでも、「まわりの世界とのつながりを感じる」「日常の心配ごとから解放された気分だ」「自分より大きなものの存在を感じる」といった感想を述べる人が多い。

屋外で過ごすのは、苛立った気分を穏やかにする効果もある。驚き、畏怖、好奇心、希望など、私たちが自然のなかで過ごすときに湧いてくる感情は、心配や注意散漫、気分の落ち込みなどに対する天然の解毒剤なのだ。

屋外の活動がもたらす精神面の効用は、はかりしれないものがある。韓国のソウルでは、

うつ病の治療を受けている中年の患者たちが、週1回の認知行動療法のセラピーを受ける前に、木々や高原植物の豊富な洪陵《ホンヌン》樹木園で散歩をした。

1か月後、この患者たちの61パーセントは寛解状態に入っていた。散歩をせずに病院内のセラピーのみを受けた患者たちとくらべて、3倍も高い数字だ。また、オーストリアのある研究では、自殺未遂をした患者たちに対する通常の治療に、山でのハイキングを加えた場合は、自殺念慮や絶望感が緩和されることがわかった。

人間が1日の大半を屋内で過ごすようになったのは、人類史上で見れば、比較的最近のことだ。人類はかつて、ほとんどの時間を野外で過ごしながら、自然とふれあっていたのであり、人間の脳はそのような状況で発達した。

そのため人間の脳は、自然とふれあうことで認知能力が伸びる。屋外で活動的に過ごすことによって、私たちはマインドフルネスの状態になりやすく、自分よりも大きな存在とのつながりを感じやすくなり、人間が本来もっている喜びに目覚めるのだ。生物学者のエドワード・オズボーン・ウィルソンは、人間が生きとし生けるものに対して感じる愛情を、**バイオフィリア**と呼んでいる。屋外で活動的に過ごすことで、私たちは人生をより広い視野で見つめなおすことができるのだ。

こうしたグリーン・エクササイズの効果を理解することは、人間の心の働きについて重要なことを私たちに教えてくれる。私たちはどのようにして苦しみの悪循環にはまってし

まうのか、どうすれば心の平安を見出せるのかを、学ぶことができる。

「安静時の脳」で起こっていること

ある2月の寒い日の午後、作家のモーラ・ケリーは衝動に駆られ、行くあてもないまま、ブルックリンのアパートメントを飛び出した。何年も前からうつ病だったが、最近はうまくいかないことが続いて、絶望感が強くなっていた。恋人と別れ、仕事でもたびたび失望を味わったうえに、睡眠障害のせいで疲れ切っていた。あの日、家を飛び出したケリーは、まるで牢獄と化した自分の頭や、自分を苛《さいな》んでばかりいる思考から、逃げ出したかったのだ。

　どうせ私なんてたいしたことない。絶対に幸せになんかなれない。このままずっと独りなんだろう。どんなに努力したって、報われないんだ。

　気がつけば、フォート・グリーン・パークの緩やかな丘を登っていた。広さ約12ヘクタールの都会の森では、ノルウェーカエデ、アメリカニレ、オーストリアマツなどの木々が茂っている。凍てつく寒さのなかを歩いているのは、彼女だけだった。新鮮な空気を吸いながら、森のなかを歩いているうちに、なにかが切り替わるのを感じた。後日、彼女はエッセイでこう述べている。

「私はゆったりとした気分になり、自分の家や頭のなかに囚われているような感覚が、少

しずつ薄れていった……いつもとちがって、頭のなかの声が私を追い詰めてこなかったのだ。ジャケットの襟を立てて首を縮こまらせながら、同じ道をぐるぐると歩いているうちに、〝私にだって、いいところもあるじゃない〟というささやき声にも、耳を貸せるようになっていた」

　家に閉じこもっていたあいだ、ケリーはネガティブな思考にどっぷりと浸っていた――不安と自己批判が家じゅうに充満し、彼女が吸い込む空気になってしまったかのように。「でも外に出たら、もっとポジティブな考えが浮かんできたんです。ああ、空が晴れわたってる。大きな木だな、空気もさわやかだし――いい気分になりました。私は大丈夫。まだちゃんと生きてるじゃない。私は自由なんだって」

　ランナーズハイとは異なり、グリーン・エクササイズによる向精神作用はたちまち表れる。ところが、内因性カンナビノイドやエンドルフィンなど、高揚感をもたらす脳内化学物質は急激には増加しないため、脳内化学物質の効果としては説明がつかない。むしろ、自然のなかにいると脳内でスイッチが入って、心の状態が切り替わると言ったほうがいいだろう。では、どんなスイッチなのか？

　モーラ・ケリーが公園を歩き回っていたとき、もし神経科学者が彼女の脳の状態を観察していたら、脳の**デフォルト・モード・ネットワーク（ＤＭＮ）**の変化に気づいたにちがいない。ＤＭＮが発見されたのは、いまから20年前、研究者たちが脳機能イメージングを

使って、覚醒時における人間の脳のベースライン状態を画像化したときだった。それまで脳の画像検査は、特定のタスクのあいだに活性化する脳の領域を調べることを目的としていた。そうした研究では、参加者たちは脳のスキャンを受けながら、数学の問題を解いたり、単語のリストを暗記したり、写真にうつっている人の表情からどんな感情が読み取れるかを考えたりした。

だがついにあるとき、研究者たちはこんな疑問を抱くようになった。参加者が脳画像検査の装置で横になって、ただ指示を待っているとき、脳はどのような状態にあるのだろう？ やることがなくて心がさまよっているとき、脳ではなにが起こっているのだろう？ そこで、脳のベースライン状態を分析したところ、驚くべき結果が表れた。じつは安静時の脳は、まったく安静状態にはないことがわかったのだ。記憶、言語、感情、心的イメージ、推論などに関連する、脳の多くのシステムが活性化していた。

さらに驚いたことに、すべての人間の脳は、安静時には同じような状態になることがわかった。神経科学ではこのような脳の状態を**デフォルト**と呼んでいる。人間の脳は放っておくと、想像上の会話を繰り広げたり、過去の経験を反芻したり、将来のことを考えたりしてしまう。とくに自分自身のことや、人生における目標や、人間関係などについては、しつこく考える傾向にある。

ＤＭＮのネガティブ・バイアス

脳のデフォルト状態は、社会生活を送るうえで欠かせない役割を果たしている。私たちは脳のベースラインの活動によって、自分がどんな存在かを記憶にとどめるからだ。頭のなかのおしゃべりや心的イメージが浮かんでくることで、私たちは自分がさまざまな嗜好や願望や悩みをもつ一個人として存在していることを、いつでも、どんな状況においても、認識することができる。

そうでなければ困るだろう――自分がどんな人間で、どこに存在しているかについて、脳が一貫した自意識をもてなければ、大変なことになってしまう。後期アルツハイマー病では、神経原線維変化によってデフォルト・モード・ネットワーク（ＤＭＮ）の中枢構造が破壊されると、まさにそのような状態が起こる。

だが、デフォルト状態にはマイナス面もある。ほとんどの人の場合、脳のデフォルト状態にはネガティブ・バイアスがあるのだ。もっとも一般的な傾向としては、過去のつらい経験を何度も思い出したり、自分自身や他人を批判したり、心配すべき理由をしつこく考えたりする。

さらにデフォルト状態では、心理的な罠《わな》に陥りやすくなる。理論的には、私たちが会話や映画や仕事など、なにかに集中しているときは、ＤＭＮの活動は沈静化し、脳が意識を

外側に向ける状態になる。ところが、うつ病や不安症の人びとの場合は、この切り替えがうまくいかないのだ。ＤＭＮが顕著に活性化してデフォルト状態に陥ったまま、なにかに集中したり、ほかの人に注意を向けたりするのが難しくなるだけでなく、不眠になることもある。

また、脳が反芻をやめられなくなる場合もある。脳の報酬系は、ＤＭＮの中心部分ではないが、記憶や不安や自分についての思考に関連するＤＭＮの構造と、きわめてつながりやすい。

不安なことを何度も考えたり、自己批判を繰り返したりしていると、報酬系が「そうだ、もっと考えろ！」とあおり始める。過去のことを蒸し返したり、くよくよ悩んだり、自己批判をしたりすれば、なにかいいこと（＝報酬）がありそうだ、と脳が思い込んでいるような状態だ。こうなると、ヘロイン常習者が渇望や衝動を抑えようとしてもがくように、頭のなかでぐるぐるとめぐる思考から抜け出せなくなってしまう。

デフォルト状態を鎮静化させるためのもっとも効果的な方法のひとつは、瞑想だ。呼吸に集中すること、瞑想をすること、マントラを唱えることは、いずれもＤＭＮの中心部分を非活性化させることが、脳画像検査によって明らかになっている。

イスラエルのワイツマン科学研究所によるめずらしい事例研究では、64歳で延べ2万時間の瞑想をおこなってきた、瞑想の達人の脳の活動を調査した。典型的なデフォルト状態から無我の境地にいたるまで、その達人のさまざまな意識の状態を脳スキャン検査で調べ

たところ、ＤＭＮが活動していないことがわかったのだ。

グリーン・エクササイズも同様の効果を脳にもたらすようだが、瞑想とはちがって、トレーニングを積む必要はない。スタンフォード大学のある研究では、グリーン・エクササイズの効果を脳画像化技術でとらえようと試みた。実験の参加者たちは、90分のウォーキングをおこなった。ひとつのグループは、キャンパスからほど近い丘陵にあるディッシュと呼ばれる景色のよいトレイルを歩いた。もうひとつのグループは、シリコンバレーでも指折りの交通量の多い道路を歩いた。

ウォーキングの前後には、参加者たちの安静時の脳の活動状態を測定するため、機能的磁気共鳴画像法（ｆＭＲＩ）の検査をおこなった。さらに、参加者たちは精神状態について問われ、「考えるのをやめたいと思っているのに、つい自分の性格のことでくよくよしてしまう」などのコメントが、どの程度自分に当てはまるか、という質問に回答した。

景色のよい道でウォーキングをした参加者たちは、不安が和らぎ、あまり自分のことでくよくよ悩まなくなった、と答えたのに対し、交通量の多い道でウォーキングをした参加者たちには、そのような効果は見られなかった。

景色のよい道でウォーキングをした後の脳スキャン画像を見ると、自己批判や悲嘆や反芻と関連のある、脳梁膝下野《のうりょうしつかや》の活動が低下していることがわかった。うつ病の人の場合は安静時においても、この領域の活動が、うつ病ではない人とくらべて活発であることがわかっている。ところが、自然のなかを歩くことによって、デフォルト状態における意識

の流れを非活性化させることができたのだ。

注目すべきことに、これとまさに同じ神経学的変化が、うつ病に対するふたつの有望な実験的治療において確認されている。ひとつは経頭蓋《けいとうがい》磁気刺激（ＴＭＳ）で、頭のうえに磁気コイルを当て、脳に電流を流すものだ。もうひとつは麻酔薬のケタミンで、ベトナム戦争では鎮痛剤として使用されたが、１９９０年代のレイヴ・カルチャーでは、娯楽用のドラッグとして流行した。

脳の前頭前皮質に磁気刺激を与えると、脳梁膝下野とＤＭＮ内の領域との活発な連携が抑制される。その変化によって、どの抗うつ薬にも反応しない患者たちの症状が、緩和される場合があるのだ。また、ケタミンを静脈注射すると、まったく同じように脳の安静状態の活動が妨げられる。このＤＭＮの再編成は、ケタミンを投与したあと24時間継続し、ケタミンの抗うつ効果のピークと重なる。

経頭蓋磁気刺激、ケタミン、屋外での運動という3つの〝セラピー〟が、互いに代替可能であるという証拠はない。したがって、科学者も医療従事者もうつ病の患者に対し、責任をもって治療のかわりにハイキングを勧めることはできない。それでも、公園での散歩という手軽な方法によって表れる短期間の神経学的効果が、うつ病のふたつの最先端治療のメカニズムとよく似ているのは、非常に興味深いことだ。自然のなかで過ごすことによる精神的効用がうつ病の患者たちに顕著に表れる理由も、まさにそこにありそうだ。

またこのことは、体を動かす時間をつくるのは身勝手でも何でもないことに気づかせて

くれる。多くの人にとって、体を動かすことはセルフケアの一環であり、自己保存の行為でもある。

「いま、この瞬間」への意識

父親を自死で亡くした、写真家のアンドリュー・フセック・ピーターズは、『ディップ（*dip*）』（未邦訳）という回想録において、イギリスのシュロップシャーやウェールズの川や湖や滝で泳いでいるときは、重度のうつ病による「思考の拷問」から抜け出せたと述べている。

「大自然のなかで水に飛び込むと、圧倒的な力で現実に引き戻される。完璧な現在時制で、いま、ここ、しかない。木々や、光や、鳥のさえずり、葉ずれの音で五感が満たされ、奔流にもみくちゃにされる——暗い考えなど、入り込む余地もない」

彼の自己破壊的な思考を抑えるために心理療法も役立ってはいるが、「それには認知行動療法を何時間も受けないと、頭のなかの考えは切り替わらない」。ところが、自然のなかで泳ぐだけで、頭のなかの声はぴたりと止んでしまう。

ピーターズが水のなかの体験を描写した部分は、自然が人の精神にどのような影響をおよぼすかについて、重要なことを示唆している。自然に囲まれて夢中になっているとき、その人の脳はソフト・ファシネーションという状態に切り替わる。この状態になると、

「いま、この瞬間」に対する意識が高まり、言語や記憶にかかわる脳のシステムが非活性化するいっぽう、感覚情報を処理する領域は活性化する。すると五感が冴えわたり、頭のなかのおしゃべりは止んでしまう。

不安症や、うつ病や、反芻で悩んでいる人びとは、ＤＭＮによって、つねに頭のなかの声や、繰り返し浮かんでくる言葉に苛まれているため、この切り替えは大きな安堵感をもたらす。自然の心地よい刺激によって五感が満たされることで、意識が外側に向けられ、言葉の攻撃が中断されるのだ。そうすると、身のまわりの自然や世界に対する好奇心や、感謝の気持ちが湧いてくる。

マインドフルネスの練習では、自分自身をこのような知覚認識の高まった状態にもっていく方法を学ぶ。マインドフルネスのトレーニングを受けた人びとの脳は、安静状態においても反芻をやめ、「いま、この瞬間」に意識を切り替えられることが、脳画像研究によって明らかになっている。しかもそれは、ｆＭＲＩの装置に横たわった状態でのことだ。

瞑想の達人のなかには、脳の通常のモードが、デフォルト・モードから新しいベースライン状態に切り替わっている人もいる。瞑想のインストラクターたちは、「いま、この瞬間」に意識を集中させることこそ、それにともなう穏やかな幸福感も含めて、本来の精神状態であると語っている。不安症やうつ病の人にしてみれば、ありえないと思うかもしれない。

だが私は、自然が人の精神におよぼす影響についてさらに学んでいくうちに、人間の脳

にはふたつの異なるデフォルト・モードがあるのではないか、と考えるようになった。もちろん、人がｆＭＲＩの装置で横になっているときに表れるデフォルト・モードは存在する。その特徴はマインドワンダリング［心がさまようこと］や、内省や、反芻だ。そのいっぽう、私たちが自然のなかにいるときに表れるまったくべつのデフォルト・モードが存在するのではないだろうか？

もうひとつのデフォルト状態

人類の脳の進化的起源を研究している心理学者のアレクサンドラ・ロサティは、人間の脳はふたつの必要性によって発達したと指摘している。ひとつは、少人数の集団内で協力する必要に迫られたこと。これにより、ほかの人のことを考える社会的認知能力が発達した。私たちが他人との関係性や集団内での立場によって、自分自身がどのような人間であるかを定義しようとするのも、そのためだ。

もうひとつは、食料を見つけるために、自然環境に順応する必要性に迫られたこと。人間がそのために習得した知的技術を、ロサティは「狩猟採集認知力」と呼んでいる。自然選択によって、人間の体は脚が長くなり、臀筋がたくましくなるなど、狩猟や採集に役立つ解剖学的な変化が起こったのと同様に、知能も強化されたのだ。空間能力が著しく発達し、意識が開かれて周囲の可能性に気づくようになり、食料を探し続ける忍耐力も備わっ

た。

私はロサティの論文を読んでいくうちに、脳の典型的なデフォルト状態というのは、人類が集団で生きるために発達した、社会認知スキルを実践するための手段なのではないかと考えるようになった。いっぽう、もうひとつのデフォルト・モード、すなわちマインドフルネスの状態では、周囲の自然に意識が開かれ、好奇心や希望が湧いてくる。このような状態は、ロサティが「狩猟採集認知力」と呼ぶものに該当する。

典型的なデフォルト状態が存在するのは、人間が社会的な生物として生き残るために、社会的自己を頭のなかで繰り返し確認する必要があるからだ、と神経科学者たちは主張している。だが人間が生きていくには、自然とのふれあいも必要だ。だとすれば、そのためのデフォルト状態がもうひとつあってもよいはずでは？

原始人たちにとって、自然のなかを探し回って食料を見つけることは、食料を分け合うことと同じように、生き残るためには重要だった。人間の脳は互いに助け合うためだけでなく、自然とのふれあいを求めるように発達したはずだ。

おそらく、私たちの置かれた状況しだいで、脳がどちらのデフォルト状態になるかが決まるのだろう。自然とのふれあいに欠けた生活をしている人は、意識が自分の内面に向いたデフォルト状態しか知らないことになる。ほとんどの時間を屋内で過ごすだけでなく、ソーシャルメディアに費やしていると、私たちの脳は社会的認知に偏りがちになり、反芻が多くなってしまう。屋外で過ごす時間を定期的にもたないと、意識が外側に開かれた、

もうひとつのデフォルト状態になれなくなってしまうのだ。

自然とふたたびふれあうことで、私たちは人間らしい一面を取り戻すことができる。だからこそ、人びとはグリーン・エクササイズに大きな魅力を感じるのだろう。自然のなかでは、社会的な役割や、他人との関係や、過去によって定義された自分ではない、新しい自分に出会える可能性があるからだ。あなたも自由を味わいながら、のびのびと体を動かし、「いま、この瞬間」に意識を集中しながら、まわりに広がる世界に心を開いていこう。

「自然との一体感」がもたらす力

運動がもたらす心理的効果は、向精神性物質と比較されることが多い。ランナーズハイは、大麻による穏やかな高揚感に似ている。シンクロナイズド・ダンスがもたらす興奮は、合成麻薬のエクスタシーに近いものがある。音楽に合わせて体を動かしていると、覚醒剤と同じような興奮状態が訪れる。効果的なヨガのストレッチをすると、まるで体じゅうの血液がワインになったような感じがする、と言った人もいる。

このようなたとえは不完全であるにせよ、さまざまな運動の魅力と利点を理解するためのフレームワークとしては役に立つ。グリーン・エクササイズについても、なにか比喩が見つかるだろうかと考えたとき、私がまず思いついたのは、不安症やうつ病の治療薬だった。だが、グリーン・エクササイズの特徴に注目すれば、もっとも似ているのはサイロシ

ビン、アヤフアスカ、ＬＳＤなどの幻覚剤だ。

幻覚剤は植物由来の薬物で、推進派の話によれば、意識が拡大する感覚をもたらす。また宗教的な体験やスピリチュアルな体験を引き起こすために、摂取する場合もある。こうした薬物は、グリーン・エクササイズと同じように、脳のデフォルト状態を一時的に再編成することによって、意識を切り替える。ＬＳＤでトリップしているあいだはデフォルト状態が切り替わって、宇宙との一体感を味わえるという。

こうした薬物を摂取した状態では、人生が変わるほどの洞察を得たとか、自己超越の瞬間を味わった、などと述べている人たちが多いが、これは自然のなかで過ごした人たちが述べる感想と驚くほど共通している。

アメリカでは18パーセントの人びとが、自然のなかで鮮烈なスピリチュアル体験を味わったと述べており、神秘的体験の約半数は自然のなかで起こっている。もっとも一般的なのは、自分よりも大きな存在との一体感を覚えることだ。それにともなって、心が愛情で満たされ、深い調和を感じる。

ウルトラマラソン世界選手権優勝者のリッチ・ロールは、著書『ファインディング・ウルトラ（*Finding Ultra*）』（未邦訳）において、カリフォルニア州のトパンガ州立公園の丘陵を走ったときの体験を回想している。

「最高の気分だっただけじゃない。僕は自由だった……。スピリチュアル本で読んだことしかなかった〝一体感〟を生まれて初めて体験した」

この一体感については、自然とひとつになった感覚を体験する人が多い。ある50歳の女性は、アリゾナ州のグランドキャニオンでハイキングをしていたとき、まさに自分が自然のなかに溶け込んだような感覚を覚えた。

「まわりの自然にすっかり溶け込んでしまったような感じでした。くつろいで風景をながめているのではなくて、私自身が自然のなかに溶け込んでしまったような、自然が私のなかに溶け込んできたような……。あれはきっと、自己超越だったのでしょう。大自然のなかで無我の境地になったのです。果てしなく広がっていく感じがして、最初は怖かったのですが、やがて深い安堵に包まれ、心からの安らぎを覚えました」

研究者のテリー・ルイーズ・テアハールは、１００名近い人びとを対象に、自然のなかでのスピリチュアル体験について詳細なインタビューを実施した（取材を受けた人たちは、自分が体験したことは、とても言葉では表現できないと言いながら、「世界の偉大な詩人たちにも匹敵するほど、形容詞や副詞を見事に駆使していた」と、テアハールは述べている。また、ジャーナリストのマイケル・ポーランも、人びとが幻覚剤を摂取した状態でのスピリチュアル体験について、同じような描写をすることに気づいたらしい）。

テアハールは、自然のなかで精神が高揚した状態は、生存のための強みになると考えている。このような状態になると、肉体的な苦痛や恐怖や絶望を克服しやすくなる、というのが彼女の主張だ。たとえば自然界の脅威に直面しても、自分でも驚愕するようなことを

やってのける。テアハールが例に挙げたのは、重たい岩を動かす、倒木をかつぐ、怪我をした身で危険な場所から逃げ出すなどだ。そうした行動はすべて、大自然のなかで生き抜くのに役立つはずだ。

この論理にしたがえば、自己超越の状態が原始人たちの生存に役立ったからこそ、自然のなかで深く感動する能力が現代人にも受け継がれたということになる。自然のなかで高揚感に包まれる体験が、現代でも有効な手段になりうることは、想像に難くない。

自然環境には**プロスペクト**と呼ばれる感情をもたらす効果がある。プロスペクトは、自然の美しさや、畏怖を覚えるほどの風景にふれて心に湧いてくる、明るい見通しや希望のことだ。また、自分は安全な場所にいて守られているという**避難所**の感覚ももたらす。州立公園を訪れた人びとが書いた日誌を分析したところ、もっとも多く使われた言葉は、愛、人生、時間、世界、神だった。

心理学者のホリー＝アン・パスモアとアンドリュー・ハウエルは、自然のなかで過ごすことの心理的効用について考察し、つぎのように述べている。

「私たちは自然とつながることによって、たった一度の自分の人生を超えて、生命の存在と深く結びつくことができる」

こうした広い視野は、楽観主義を呼び起こす。ある研究では、参加者たちが自然保護区を15分間歩いただけで、人生の困難な問題に立ち向かう自信が湧いてきたことがわかった。もっと長く歩いた場合は、「この私自身も生命の大きな循環の一部なのだ、と思い描くこ

とができる」「森のなかの一本の木のように、私も広大な自然界に根づいた存在なのだと感じる」などの感想が述べられ、参加者たちは以前よりも自信をもって問題に対処できると思えるようになった。

数年前、夫と私は、腎臓病で末期状態になった飼い猫の世話をしていた。12年前にシェルターから譲り受けたオス猫だった。毎日、点滴静脈注射を打ち、食欲増進剤を与えるほか、ペット病院に何度も駆けつけ、肺にたまった液体を取り除いてもらうなど、手探りの状態でつらい治療が続いた。

猫は私の手からしかエサを食べなくなり、食べたとしても、30分かけてスプーン1杯分がやっとだった。以前はにぎやかな子だったのに、いっさい鳴き声をあげなくなった。姿が見えないと思ったら、寝室のクローゼットに隠れて、虚ろな目をしていたこともあった。

それでも猫は毎朝、私が起きるまで胸のうえに座って、おはようのあいさつをしてくれた。1日に数回、猫はベランダのドアのわきに座って、日光浴がしたいと合図した。

ただし、猫はなかなか眠れず、苦しそうな呼吸をしていた。私たちは手を尽くして治療を施しながら、延命は猫の望みにかなっているのか、それとも苦しみを長引かせているだけなのか、わからなくなっていった。猫自身はどうしたいか言えないから、かわりに決定を下すべき責任が、私たちに重くのしかかってきた。ふたりで守ろうと誓った猫の寿命を縮めてしまうのも、猫の苦しみを長引かせてしまうのも、怖かった。

当時、私たちはニューヨークに住んでいた。ある日、ひどく気落ちした私たちは、リバーサイド・パークを散歩した。フェンスで囲まれたドッグランでは、リードから解かれた犬たちが元気よく走り回っていた。そのわきを通りすぎてトンネルを抜けていくと、ハドソン川のほとりに出た。私たちは川辺を歩きながら新鮮な空気を吸い、青空を見つめ、岸に打ち寄せる波の音に耳を澄ませた。

私たちは木陰で腰を下ろした。初秋の公園では木々の葉が染まりだし、落葉も始まっていた。リスやスズメたちが、地面で食べものを探していた。そのとき初めて、私は自分たちの状況を冷静に見ることができるようになった。

月並みに聞こえるかもしれないが、これもまた永遠に繰り返されてきた、生命の循環の営みなのだ。私たちにどうこうできる問題ではないと悟ると、心が落ち着いた。それに、どんなことがあっても最後まであの子の面倒をみようと私たちが決心していたのは、守りたいという自然な本能であり、ほとばしるような、揺るぎない愛情にほかならなかった。私たちのこの苦しみも、命が尽きるまで続く生の営みの一部なのだ。

その日、私たちは思いを新たにして家路についた——これから自分たちが下すべき決定にも、まもなく訪れる喪失にも、きっと向き合っていけるはずだと信じて。

現代人は「自然欠乏症候群」

2013年、オーストラリアのメルボルン市は、市の7万本の樹木に識別番号とメールアドレスを表記した標札をつけた。市民たちが道路の穴や、落書きや、街灯の故障などを発見した場合と同じように、樹木の枝が折れていたり、菌類による被害が生じたりした場合に、市役所に通報するシステムをつくるためだった。

ところが、市役所に殺到したのは樹木へ宛てたメールだった。とりわけゴールデンエルムやギンバイカには、愛情のこもったメッセージや、幸せを願い健康を気遣うメッセージが何千通も届いた。樹木と交流できる貴重なチャンスを手に入れて、世界中の人びとがラブレターを書いたのだ。

自然とつながりたいという人間の切望は**バイオフィリア**と呼ばれ、生命への愛好を意味する。生物学者のエドワード・オズボーン・ウィルソンによれば、バイオフィリアは人間の生来の本能であり、人間の幸福にとって欠かせないものだ。

人間の脳は、つねに自然とふれあい、自然に頼って生きるなかで発達してきた。畏怖や心の安らぎ、好奇心、旅に出たくなる気持ちなど、現代人が自然のなかで味わうさまざまな感情は、古代の人類たちが、変化のめまぐるしい複雑な環境で生き残るために役立っていた。

自然のなかで湧いてくる感情は、現代の私たちにも根づいており、そうした感情を覚えることが多いほど、心が深く満たされる。世界中どこでも、自然との強いつながりを感じている人ほど、人生に対する満足感が大きく、活力にあふれ、しっかりとした目的意識をもち、幸福を感じている。また、自然の豊かな場所へ行くことが多い人ほど、自分の人生には価値があると感じている。その効果は、良好な健康状態がもたらす効果よりも高く、幸福な結婚生活やパートナーとの暮らしがもたらす効果に匹敵する。

ある研究では、2万名以上の成人を対象に、スマートフォンのGPS機能を利用して、日々の行動や気分を調査した。その結果、参加者たちは、自然のなかで過ごしているときのほうが幸福を感じることがわかった。ところが、典型的なアメリカ人は93パーセントの時間を屋内で過ごしており、この状況を「自然欠乏症候群」と呼ぶ人もいる。

生まれた土壌にふたたび根を下ろすとき

自然とのふれあいに対する欲求がもっとも高まるのは、人間が見慣れた風景をあとにして遠く旅立つときだ。軌道高度４０８メートル、最高時速2万７６００キロで地球のまわりを回っている、国際宇宙ステーションに駐在するクルーたちは、極端な自然欠乏症候群を経験する。

宇宙ステーションでは、自然界では当たり前だと思っていることがことごとく通用しな

い。宇宙船の速度によって、人間を地球につなぎとめている重力から解放された宇宙飛行士たちの体は、宙に浮いてしまう。起床時間や就寝時間は、もはや日の出や日の入りとは無関係だ。宇宙ステーションの軌道上に滞在する1週間は、つねに右を向けば昼間、左を向けば夜になっている。ステーション内の光も空気も自然のものではなく、人工のものだ。

宇宙飛行士たちが新鮮な〝宇宙〟にふれるのは、クルーが宇宙探索から戻ってきて、気圧調整室《エアロック》を開けるときだけだ。飛行士たちの話によれば、宇宙服に染みついた宇宙の匂いは金属的で甘く、溶接ヒューム［細かい金属の粉塵］のような臭いもするという。

ふるさとの地球の生活リズムや、匂いや音から遠く離れたクルーたちは、少しでも自然を感じるものにふれたくなる。そこで、風や雨の音、鳥のさえずりや虫の音《ね》の録音を聴く人も多い。

アメリカ人宇宙飛行士でフライトエンジニアのドナルド・ペティは、宇宙ステーションでの長期滞在中に野菜を育ててみようと決心した。地元ヒューストンの店で種を買い、古い下着とロシア製の丈夫なトイレットペーパーを縫い合わせて育苗《いくびょう》用ポットをつくり、給水機につなげたストローを縫いつけた。ちゃんと発芽するかどうか、ペティには確信がなかった。なにしろここでは、芽が伸びるべき方向を示す太陽もなければ、発根を下へと導く重力屈性も働かないのだ。

ところが、実験を続けているあいだに、彼のミニ菜園の野菜は育ち始めていた。まっさきに発芽して順調な成長を見せたのは、ズッキーニだった。ペティは歯ブラシで小さな

葉っぱをならしたり、野菜くずとオレンジの皮と水でつくった液肥をやったりして、こまめに世話を焼いた。それがいつのまにか、ペティにとって楽しみな日課になっていたのだ。彼はウェイトリフティングのトレーニングをするときでさえ、ズッキーニの苗を一緒に連れていった――宇宙でのお手軽なグリーン・エクササイズだ。

やがて、ズッキーニの苗はクルーたちの人気者になった。愛着を覚えた彼らは、ズッキーニの苗に呼出符号《コールサイン》を与えることにした。通常は、飛行中隊が戦闘機のパイロットに付与する呼び名だ。ペティはすでに「スペース・ズッキーニ」という愛称をつけていたが、コールサインは「ローズ」に決まった――宇宙ステーションのような殺伐とした環境では、野菜の新芽がどれほど美しく見えるかを証明してくれたからだ。

現在、アメリカ航空宇宙局（ＮＡＳＡ）の行動保健パフォーマンスチームは、宇宙ステーションに長期滞在中のクルーたちの心の健康を守る手段のひとつとして、ガーデニングを推奨している。ＮＡＳＡのブログ「スペース・クロニクル」で、ペティはつぎのように述べている。

「機械や電子機器で埋め尽くされた、メタリックな空間に閉じ込められて生活していると、小さな植物の芽が育っていくのを見て、自分たちはどこから来たのか、どこに根《ルーツ》があるのかを思い出して、ほっとするのです」

心理学者のロロ・メイは、１９５３年の著書『失われし自己をもとめて』（誠信書房）の

なかでこう述べている。

「自然とふれあうとき、私たちは生まれた土壌にふたたび根を下ろすのだ」

メイは比喩として述べたのだが、人間は大地や土とふれあう必要があることを示す科学的証拠も存在する。ふつうの土に含まれるバクテリアには、脳の炎症を緩和する効果がある。つまり、土いじりをすることが抗うつ剤になるのだ。

あなたが庭仕事をして爪のすきまに土が入ったり、土を掘り返した場所で深呼吸をしたりするだけで、有益なバクテリアにふれることができる。土いじりの効用を発見した生物学者たちは、それを**旧友《オールド・フレンド》仮説**と名づけた。この理論によれば、人類は微生物とともに進化を遂げたのであり、人間の免疫システムや脳にとって、微生物は欠かせない相手なのだ。花とミツバチが共進化し、互いに依存しているのと同じように、私たち人間と微生物が繁栄するには、互いを必要とする。

微生物学の科学論文や医学雑誌では、土にふれる経験が欠如している現代社会の状況を「旧友の喪失」と表現している。この喪失は人間にとって、うつ病をはじめとする精神疾患のリスク増加に関係すると考えられている。ロロ・メイが述べたように、あなたが生まれた土壌にふたたび根を下ろすとき——それは喜ばしい再会なのだ。

庭いじりをしたり、トレイルを走りながら泥を蹴ったり、自然のなかで深呼吸をしたりするとき、あなたは生物の共依存がもたらす効果を体験することができる。それは太古の昔、人類が集団生活を始め、互いに頼り合うことを覚えたころから、生き残るために役

立ってきたのだ。

助け合い、支え合う気持ち

現在31歳のピート・ハッチングスが、6年前にロンドン北部の公園でボランティア活動を始めたとき、公園は荒れ放題だった。

集まったボランティアの人たちは、麻薬道具や、ノートパソコンのケース、バックパック、盗まれたあげく捨てられた財布などが、園内に散乱しているありさまを目にした。みんなで何週間もかかってゴミやがらくたを片付け、侵入種の植物を一掃し、樹木の手入れをした。さらに、園内が歩きやすくなるように散策路をつくり、チョウが冬眠するための昆虫巣箱《バグホテル》も設置した。

その甲斐あって、いまでは学校の生徒たちが毎日のようにグループ学習に訪れ、自然について多くのことを学んでいる。

「こういう場所が短期間で見事に生まれ変わるのだと思うと、感無量です」とハッチングスは語る。

現在、ハッチングスは、自然保護を目的としたグリーン・エクササイズをおこなうボランティア団体、「グリーン・ジム」の一員として、その公園の管理を担当している。

活動内容はガーデニング、牧草地の種まき、土の斜面を掘って階段をつくるなど、さま

ざまだ（「20分も土を掘っていたら、ものすごくいい運動になりますよ」と、責任者のクレイグ・リスターは語っている）。グリーン・ジムは、イングランド、スコットランド、アイルランドの各地方にチームがあり、昨年だけで25万本以上の木を植えた。

ボランティアの人びとには、季節ごとにやりがいのある仕事が待っている。夏は園内の設備の充実を図るため、花壇をつくったり、翌年のために鳥の巣箱をこしらえたりする。秋になって冬支度を始めるころには、みんなで球根を植える。さらに園内の利便性を高めるため、階段を修理したり、手すりを設けたりする。冬には若木を植える。枯れ木にしか見えなくて、「こんな状態で本当に育つんですか？」と訊く人たちもいる。

けれども、やがて春が訪れ、緑の新芽が顔を出す。秋に植えた球根からは花芽が伸び、やがて花が咲く。

「みずみずしい、新鮮な匂いがします。虫たちがぶんぶん飛び回って、花粉と花の甘い香りがたちこめます」ハッチングスは私に言った。

何か月も、ときには何年もたってから、庭仕事の成果が表れるのを目にするのは、グリーン・ジムのボランティア活動における醍醐味のひとつだろう。まさに、種まきの成果を収穫する喜びだ。

人生のつらい時期に、ボランティアに応募する人たちもめずらしくない。失業したり、体に障害を負ったり、心の病気になったりなど、人によってさまざまだ。けれども、グリーン・ジムは誰でも気軽に参加できるようになっている。あるボランティアはこう言っ

た。

「気負わなくても、みんな歓迎してくれますよ」

新しくボランティアに参加する人たちは、仲間入りのしるしにグリーン・ジムのTシャツがもらえる。

「みんな外で作業するときは、汚れてもいいような服装ですからね。最新のナイキのシューズが買えなくたって、まったく問題ありません」リスターは言った。

「顔を出してくれるだけで、大歓迎です。つらいことがあった日は、作業をする気になれなくてもかまいません。お茶を淹れてくれるだけでいいんですよ」

みんなで共同作業をするうちに、自然と仲よくなる。おしゃべりの合間には心地よい沈黙が訪れ、小鳥たちのさえずりや、土を掘る音が静かに聞こえてくる。

そうすると、会話の質も変わってくる。外で過ごしていると、自分の心を見つめやすくなり、胸のうちを語りたくなるのだ。ある研究では、乳がん患者の女性たちが、グリーン・エクササイズをしながら「助け合い、支え合う気持ち」を感じたことで、つらいことを話しやすくなったと述べた。ある女性はこう語っている。

「誰かに話を聞いてもらっているというより、大気のなかに吸い込まれていくような感じでした。それって、いいことだと思うんです。誰かと面と向かって話す気にはなれないようなことでも、不思議と話せますからね」

2年前、グリーン・ジムのボランティアたちは、ロンドンにある本部の近くの公園で、

地面に穴を掘って内張りを施し、雨水を入れて小さな池をつくった。

「小さな水たまりがあれば、野生の生物たちが必ず見つけるんです」ハッチングスは語った。数か月もしないうちに、カエルが2匹現れた。やがて2年後、この池にはトンボやオタマジャクシや両生類、水藻などがたくさん棲みついていた。みんなどこからかやって来て、ただの水たまりをにぎやかな生態系《エコシステム》へと変貌させたのだ。

緑地が、人と人をつなげる

ハッチングスの話を聞きながら、私は人間のコミュニティもよく似ていると思った。ほんの少しのきっかけがあれば――顔を出したくなる理由や、気にかける場所や、交流の時間ができれば――私たちも、助け合いのエコシステムを築くことができる。クロスフィットのようなトレーニングやランニング、グループエクササイズ、レクリエーションスポーツなど、体を動かすことを目的としたコミュニティは、まさに最適な例だろう。

また、大勢の人たちが手入れにたずさわる緑地は、助け合いのネットワークを立ち上げるのにとりわけ効果的だ。クロアチアのザグレブ、ミシガン州のフリント、オーストラリアのメルボルンのコミュニティ・ガーデンに関する2017年の分析によって、緑地には社会資本を構築する効果があることがわかった。緑地は、帰属意識や信頼や友情といった、**絆を形成する資本**を増やすとともに、助けが必要なときに頼りになる幅広い社会的ネット

ワーク、すなわち**人と人をつなげる資本**を増やす。

カナダのレジャイナにあるノース・セントラル・コミュニティ・ガーデンズのメンバーは、みんなで庭園の手入れをするようになってから、近所付き合いが深まったと述べている。

「以前はわが家のことしか考えていませんでしたが、いまではコミュニティ全体のことを気にかけています」

ガーデニングによって構築された社会資本は、危機の際には共有資本としての力を発揮する。2012年、ハリケーン・サンディが米国北東部を襲ったとき、ニューヨーク市の大部分は洪水のため停電となったが、クイーンズ地区のロッカウェイ・ビーチも例外ではなかった。ビーチ・ナインティファースト・ストリート・コミュニティ・ガーデンは、非常食や衣料を配布し、情報を発信するための拠点となった。人びとは焚き火を絶やさず、みんなで体を温め、料理をつくれるようにした。

あるガーデニングのメンバーは、コミュニティ・ガーデンのことを「近隣住民の包括的サポート拠点」と表現し、こう述べた。

「東海岸でもっとも猛烈なハリケーンが起きた2日後に、50人が焚き火のまわりに集まって、できたてのチリを食べたんですよ。立ち話をしながらジョークを言い合ったり、ホットチョコレートを飲んだりしてね……まだ現地には、州兵も到着していなかったのに。あれこそ恐怖に対する最高の防御でした」

ボランティア活動が「ストレスホルモン」を減らす

生物学者のエドワード・オズボーン・ウィルソンは、人間は生まれながらに自然とのふれあいを求めると主張したが、彼はこうも述べている。

「人間は仲間に属する必要がある。そして人間は、自分たちよりも大きな目的をもつことを切望する」

グリーン・ジムの非公式のキャッチフレーズは「目的をもった運動」であり、責任者のクレイグ・リスターは、よくこんな売り込み文句を口にする。

「わざわざジムに行って、もち上げる必要のないものをもち上げたりしないで、週に3時間、私たちと一緒に活動しませんか？　毎回終わったあとは、みんなでやりとげた活動の成果を見て誇らしい気持ちになりますよ」

２０１６年のグリーン・ジムの全国評価では、定期的にボランティアをしている人びとは以前よりも楽観的になり、自分は役に立っているという実感が強まったことがわかった。また、まわりの人たちとの結びつきが強くなり、以前よりも人生の問題にうまく対処できるようになった。

自然のなかで体をたくさん動かすことが、このような効果をもたらしているのはまちがいない。だが最大の効果は、以前はなにもなかった場所で木々が生い茂っているのを、

ゆったりとながめたときの満足感によるものだと、リスターは考えている。

「人間は群れで生きる動物であり、さまざまな弱点がありながら、共同の努力によって世界に君臨してきました」リスターは言った。

「私たちはなにかを達成すること、とくに仲間と力を合わせてやりとげるのが好きです。そして、仲間から評価されることを強く望んでいます。自分たちが成しとげたことを仲間が評価してくれたときに、とりわけ大きなやりがいを感じるのです」

２０１７年、ウェストミンスター大学の研究者たちは、人生の目的意識にかかわる生物学的指標――すなわち起床時コルチゾール反応に対し、グリーン・ジムでのボランティア活動がどのような影響をおよぼすかを調べた。コルチゾールはストレスホルモンとして知られているが、起床するときにも役に立っている。

朝起きたときの唾液に含まれるコルチゾールの量によって測定される、起床時コルチゾール反応は、体のエネルギーを結集させる働きがある。起床時のコルチゾールはあなたを休止状態から脱け出させ、外へ出ていくようにうながす。一般的に、うつ病の人や希望をなくした人は、体にとって起きる理由が見つからないかのように、起床時コルチゾール反応が低い傾向にある。

ところが、グリーン・ジムの活動によって変化が起きるのだ。ボランティア活動を８週間おこなった人たちは、起床時コルチゾール反応の数値が20パーセントも上昇し、不安症

やうつ病の症状にも緩和が見られた。緑地の手入れにたずさわったことで、人生を取り戻したかのようだ。

季節はめぐり、友情は深まり、やがてグリーン・ジムのボランティアたちは、共同作業の成果を目の当たりにし始める。自分たちはコミュニティの未来に貢献しているのだ、と実感できることは、グリーン・ジムの魅力のひとつになっている。

ある70代半ばのリタイアした女性は、ハッチングスと一緒に木を植えていた。ハッチングスが、「この木がみんな大きく育ったら、さぞかし素敵でしょうね」と言うと、彼女はこう答えた。

「それは私には見られないでしょうね。たぶんもう、生きていないと思うわ。でも、子どもたちや孫たちのために、素敵な緑地ができることを誇らしく思います」

ボランティアの人たちは、自分たちの活動が重要であることを知っている。緑地をつくり、手入れをすることで、自分たちのコミュニティのウェルビーイングに貢献しているのだ。

インドのデリー、イギリスのロンドン、アメリカのウィスコンシン州ミルウォーキーを対象とした研究では、公園やコミュニティ・ガーデンなどを含む、緑地の多い地域に住むことによって、人生の満足感が高くなり、精神的苦痛の緩和につながることがわかっている。ペンシルベニア園芸協会の人びとが、フィラデルフィア市内の200以上もの空き地

のゴミを片付け、草木を植えて緑地化したところ、近隣住民のうつ病の発症率が42パーセントも減少した。

グリーン・ジムでは、ひとつのプロジェクトが2年を経過した時点で、貢献度の高かった地元ボランティアの人たちを選び出し、有給の職員になるためのリーダー研修をおこなう。

「グリーン・ジムに参加することは、人生の大きな転機になります」リスターは私に言った。

「グリーン・ジムによって人生が変わった人たちが、こんどはほかの人たちの人生が変わるように、お手伝いをするんです」

現在、グリーン・ジムの従業員の8割はボランティアから始めた人たちで、最高責任者も20年前からボランティアとして働いていた。

ピート・ハッチングスは13歳のとき、レストランの厨房で働き始めた。いまから6年前にロンドン北部の荒れ果てた公園で、初めてボランティア活動に参加したときは、環境保全活動のスキルもなく、正式なマネジメント教育も受けていなかった。だが現在、彼はグリーン・ジムのチームリーダーとなり、正規職員として働いている。

「ここでの活動によって人生が変わった、と言う人たちがたくさんいます。つらい思いをしている人たちにとって、グリーン・ジムに参加することは、逆境を乗り越える力になるのです」ハッチングスは語った。

「僕はべつに、みんなの人生を変える力があると思って、この活動を始めたわけじゃありません。でもこの仕事をしているなかで、いちばんうれしいことだと思っています」

彼はそう言ったが、いまもなおその効果に驚かずにはいられないことも、また彼自身、さらに変化し続けていることも明らかだ。

「自分はとくに面倒見のいい性格だとは思いません」彼は言った。「僕はただ、庭師になりたかったんです」

トーマス・O・ペリーが「樹木の根――事実と誤謬《ごびゅう》（*Tree Roots: Facts and Fallacies*）」という論文で述べているとおり、植物はどんな場所でも根を伸ばす。

「根の成長は、タイミングも方向もじつに気ままである。成長に必要な水、酸素、ミネラル、十分な温度が与えられる環境であれば、いつでも、どんな場所でも根を張る」

人間にもそうした本能がある。エドワード・オズボーン・ウィルソンがバイオフィリアと呼んでいるものは、自然への愛や、鳥の歌声に魅了されることだけを指しているのではない。生きる意志や、成長したいという衝動や、どんな状況に陥っても乗り越えようとする決意も、そこには含まれている。

息子のデイヴィッドを神経芽細胞腫によって10歳で亡くしたスーザン・ハードは、うつ病から抜け出すために屋外でランニングを始めた。子どもを亡くした深い悲しみが消えることはなくても、ランニングのおかげで、彼女は前向きになれた。そしてデイヴィッドが

望んでいたように、いまを大切に生きよう、という思いを取り戻すことができた。15歳の長女、デイジーと一緒に走るようになったのも、そんな気持ちからだった。

「私が本当に申し訳ないと思っているのは、長いことデイヴィッドに付きっきりだったことです。そのせいで、娘はうんと我慢しなければなりませんでした」ハードは私に言った。

「後悔していることはたくさんありますが、自分を赦さなくちゃいけません」

ある日、娘がこんなことを言った。

「ママと一緒に走ってみたいな」

そこでハードは、5キロマラソンの手ほどきをおこなう「ファースト・ストライド」という地元の女性向けプログラムを見つけた。そして昨年の春、娘と一緒に10週間のアウトドアランのトレーニングに参加した。あるとき、ハードはグループの先頭を走っていた。すると後ろから、娘の誇らしそうな声が聞こえてきた。

「あれ、うちのママだよ」

そのときのことを語ったハードの声は、いきいきとはずんでいた。

「娘と一緒に走るのは、大きな喜びになっています」

第7章 ともに耐え抜く

ショーン・ビアーデンは当時42歳、ユタ州ソルトレイクシティ近郊のアンテロープ島で、50キロのウルトラマラソンを走っていた。彼にとって3度目のウルトラマラソンだった。

今回のコースでは、レイヨウやシカ、コヨーテ、ヤマアラシ、オオツノヒツジなど、数多くの野生動物を目撃できる。ある年の大会では、ゴールまで約４００メートルの地点で、2頭のバイソンにトレイルが塞がれてしまったこともあった（大会のウェブサイトには「なるべく動物たちを迂回すること。それが無理な場合は、動物が出ていくまで待つこと」というアドバイスが掲載されている。ただし、「バッファローのせいで遅延が発生しても、タイムは補償されない」）。

変化に富んだ、秘境のごとき風景を走り抜ける長距離コースとはちがって、アンテロー

プ島のコースは全体が野ざらしだ。灼熱の太陽が情け容赦なく照りつける。コースの後半に入ると、はるか彼方にはもうゴールが見える。そのようすをビアーデンはつぎのように述べている。

「まるでモンティ・パイソンの映画さながら、いくら走っても、ちっとも近づいた感じがしない」

スタートから数時間後、彼はかつて経験したことのない、極度の疲労の壁にぶち当たった。思わず、ペースを緩めて歩き出した。

「体じゅうが、止まれ、と悲鳴をあげていました」ビアーデンは語った。

「もう動けない、これ以上は無理だと思っているのに、どういうわけか体が動いてしまう。重力が50倍になったかと思うくらい、筋肉が重くてたまらないのに。一歩ずつ前に進むという、単純きわまりないことをやっているにもかかわらず、脳は〝これ以上ないほど困難なことをやっている〟というフィードバックを受け取るんです。そのあまりの落差のせいで、脳は極度に消耗し、どうしようもないほど完全な疲労状態に陥ってしまいます」

ビアーデンは自分に言い聞かせた。とにかくあと10分、がんばって走るんだ。

やがて、そろそろ10分経ったはずだと思ったが、それ以上走り続けられるかどうか、自信はなかった。

7分経過していたら、無理にでも走ろう。そう決心して、腕時計を見た。ところが実際は、たった1分しか経っていなかったのだ。ビアーデンは走るのをやめ、また歩き始めた。

「正直言って、頭が混乱していました」ビアーデンは語った。

自分が追い抜いてきたランナーたちが、こんどは自分を追い抜いていく。苦しんでいる彼の姿を見たランナーたちは、声をかけた。

「がんばれ、絶対にやれる」

ビアーデンはそれを励みに、歩き続けた。約30分後、彼はいつのまにか走り始めていた――いっきに2、3メートル駆け出したのだ。さっきまで、一歩ずつ歩くだけでも猛烈にしんどかったのがまるで嘘のように、坂道を転がっていくボールのようだった。走ろうとしてがんばっている感覚さえなく、彼はただひたすら走っていた。その勢いはゴールまで衰えず、彼は突っ走っていった。

「そのとき、はっきりと気づいたんです。どんなにつらい思いをしようと、僕はまた走るだろう。絶対に走るだろう、と」

苦しみのなかに意味を見出す

ウルトラ耐久レースは一般的に6時間以上とされているが、多くの場合はもっとはるかに長い。ギリシャで開催される「スパルタスロン」では、36時間でマラソン6回分の距離を走破しなければならない。オーストラリアの自転車レース「テラ・アウストラリス・バ

イク・エピック」では、東海岸の６５００キロを約1か月で縦断する。アラスカの「アイディタロッド・トレイル・インヴィテーショナル」という30日間のウルトラ耐久レースでは、アンカレッジからノームまで、猛吹雪や強風のなかを歩行、自転車、スキーで走破する。

ウルトラ耐久レースへの参加は、世界的にこの数十年で激増した。北米では1年に1回のウルトラマラソンを完走した人の数は、１９８０年には６５０名だったが、２０１７年には7万９０００名を超えている。

世界最古の公式のウルトラマラソンは、南アフリカ共和国の「コムラッズ・マラソン」［コムラッズは戦友の意］で、約90キロを走破する。１９２１年、第一次世界大戦の退役軍人、ヴィック・クラップハムが戦友たちとの絆を偲び、戦争の苦難を忘れないために設立した。

人生最大の難題のひとつは、耐えがたい状況をどのように耐え抜くかということだ。コムラッズ・マラソンを設立したとき、苛烈な大戦を経験したクラップハムの頭には、まさにその問いがあった。公式サイトにはつぎのような記述がある。

毎年開催される大会は「苦難を乗り越えれば希望が待っていることを、私たちに思い出させてくれる。年を追うごとに、人間のもつ善良な部分が前面に表れてきている」

競技者たちを人体の極限状態まで追い詰める、こんにちのウルトラ耐久レースの世界を垣間見ることで、人間はどのように、そしてなぜ苦難に耐え続けるのかを、窺い知ることができる。ロビン・ハーヴィーは著書『長距離走の魅力（*The Lure of Long Distances*）』（未

邦訳）において、「アスリート（athlete）」という言葉は、ギリシャ語で「もがく、苦しむ」という意味の単語に由来すると述べている。持久系アスリートたちは、苦しみとは切っても切れない関係にある点において、趣味で運動をしている人たちとは異なっており、その苦しみは宗教的伝統の叡智に通じるところが多い。

多くの場合、持久系アスリートたちのモチベーションは、壮大なレースを完走するだけでなく、あるアスリートがいみじくも述べたとおり、「苦しみのなかに意味を見出す」ことにある。苦しみの限界にあるとき、人間はどうやって希望と意欲をもち続けるか――彼らの体験には、それがまざまざと描き出されている。とにかく一歩ずつ進むこと。苦しみだけでなく喜びも味わうために、心のゆとりをもつこと。そして仲間に助けてもらうことで、私たちは苦難を耐え抜いていく。

ウルトラマラソンが与える強烈な喜び

私がアイダホ州立大学の運動生理学の教授、ショーン・ビアーデンと連絡を取ったのは、彼がウルトラランニングの科学について、ポッドキャストで人気のコンテンツを制作しているからだ（ウルトラランニングは「マラソンよりも距離が長いもの」とされているが、どうやらランナーたちが挑戦したくなる距離に上限はないらしい）。

ビアーデンは、自分がこの競技を始めたのはあまり健康的な理由からではなかった、と

述べている。彼は自分を追い詰めてしまうほど猛烈な負けず嫌いで、こんなんじゃだめだ、という声が頭のなかでしょっちゅう聞こえる。アルコール依存症の父親のもとで育ったせいもある、と本人は考えている。

「頼むから酒をやめてくれ、と言いました」彼は私に言った。

「息子のおれより酒が大事なのか、と思っていたんです」

唯一、父が注目してくれたのは、サッカーがうまいことだった。そこでビアーデンは、最高の選手になるために全力で努力した。サッカーで優秀な成績を収めれば、父は酒よりも自分を選んでくれるにちがいないと信じていた。やがて、何であれトップを目指すことが当たり前になっていた。

「少しでも自分に向いていると思ったら、どんなことでも、ナンバーワンになるために努力してきました」

やがて中年になって体型が崩れてくると、ビアーデンは健康を維持できていない自分を情けなく思った。

「さあ、どうするか――僕は物色し始めました。どうせやるなら、みんなをあっと驚かせることでなければ、と思ったのです」

そんなとき、彼の住むアイダホ州ポカテッロ近郊で開催されるトレイルレースの告知を見かけた。レースには35キロ、60キロ、１００キロの3種目があった。たしかこういうレースは、本当にタフな人間しか耐えられないと聞いたことがあるな、と彼は思った。

「当然、１００キロレースに参加登録しました。トレイルランなんて、一度もやったことがなかったのに」

彼は本番に向けて練習に励んだ。そして当日、ついにゴールに到着したビアーデンに、妻がたずねた。「いまどんな気分？」

「僕の口をついて出たのは、うれしい、でした」ビアーデンは私に言った。「ようやく名誉を挽回できたような気がして」

すぐに、ほかのレースにも参加登録した。やがて彼は、自分がどれだけ楽しんでいるかに気づいた――イベントそのものだけでなく、そのためにトレーニングに打ち込むのが楽しかった。

ビアーデンからのメールには「今週は2回も、走りながら涙が止まらなくなりました」と書いてあった。

「強烈な喜びに満たされました。あれは喜びの涙です」後日、彼は語った。「僕が最高のアスリートになろうとして、これまで努力してきたのは、結局はネガティブな理由からだったのか、それともただ好きなことを自分のためにやっているのか、ずっと考えてきました。いまでも１００パーセントの確信はありません。でも走っている最中に突然、涙があふれて、強烈な喜びに満たされるとき、僕はたしかに感じるんです。こうやってがんばっているのは、やっぱり自分のためでもあるし、健康的でいいことじゃないか、って」

現在、ビアーデンは暇さえあれば、ウルトラマラソンを目指す人たちに準備の手ほどきをしたり、ランニングのコーチをしたり、ポッドキャストのコンテンツを制作したりしている。

「ウルトラマラソンで学んだことは、毎日の生活にも応用できるという人が多いのですが、僕の場合、なかなかそうはいかなくて」彼は私に言った。

「ウルトラマラソンをしているときは、なにもかも剥ぎ取られて、ありのままの自分になって、やることもひとつしかない。ひたすら前に進むだけです。僕の日常生活がそんな調子だったかと言えば、あやしいですね。ふだんの生活は、つぎの瞬間もただ自分にできることをするだけ、なんて感じではありませんから」彼は言った。

「ただ、うつ病だけは例外です。僕のうつ病は、まさにそんな感じです」

ビアーデンは物心ついたころから、うつ病に苦しんでいた。初めて真剣に自殺を考えたとき、彼はまだ7歳だった。

「ちゃんと計画もしていました」彼はそう言ったが、詳しくは語らなかった。

「まあ、うまく行くはずもなかったんですが」

10代になるとうつ病はさらに悪化し、大人になっても自殺念慮はつきまとった。精神病の再発を繰り返す多くの人と同じように、彼の場合も、うつ病は寛解する時期もあれば、再発する時期もあった。ビアーデンはうつ病のときの気持ちを、「すべてが虚しく、人生

は無意味で、重要なことなどなにひとつないように感じてしまう」と表現している。そして、自分がうつ病から完全に解放されることはないと考えている。

「僕は一生、うつ病を抱えていくでしょう。それを受け入れられたのは、僕にとって大きな一歩でした」彼は言った。

「うつ病は僕の一部だけれど、僕のすべてじゃない」

彼は症状が発現するときのことを「真っ暗になる」と表現している。

「症状が表れるときは、晴れた日に外に出ていたら、突然、巨大な雷雲が現れて、空を覆ってしまったような感じ。宇宙が自分の上にのしかかってきて、憎しみを降らせてくるような恐怖を感じるんです。そして、虚しさに襲われる。雲が現れて真っ暗になったとたんに、自殺を考え始めてしまうんです」

そんなとき、以前のビアーデンは暗い考えを必死に頭から追い払おうとし、人生は生きる価値がある、と自分に言い聞かせようとした。ところが、最悪の考えを否定しようとすればするほど、実際はそのとおりなのではないか、と思えてならなかった。でも走っているときは――とくに屋外を走っているときは、自分の頭から抜け出すことができた。彼に言わせれば、「雲を消し去る」ことができたのだ。

苦痛とともに前進する

トレーニングには気分を安定させる効果があるのに加えて、ウルトラ耐久レースには、うつ病を乗り切るうえで特別な意味がある。体の疲労が限界に近づくと、時間が経つのが遅く感じられるが、うつ病や深い悲しみの底にあるときも、同じように感じられる。激しい苦悩に苛まれ、先のことがまったく見えないときは、１分が果てしない苦しみの連続に感じられるからだ。

ドイツのケルン大学の研究では、うつ病の人びとに時間の感覚についてたずねたところ、「だれもが私のことを素通りしていく」「自分が遅すぎて、ほかの人たちについていけない」などと答えた。その研究によれば、もっとも一般的なのは「時間が経つのがどんどん遅くなり、延々と果てしなく続くように感じられる」ことだった。

こうしたコメントは、ビアーデンがアンテロープ島の50キロレースで味わった感覚とも共通している。ほかのランナーたちに次々と追い抜かれ、１分が10分のように長く、重力が50倍になったかのように感じたとき、彼はもうこれ以上走るのは無理かもしれない、と諦めかけた。

１６０キロのウルトラマラソンのランナーたちを対象とした研究では、ランナーたちは「時間の感覚が歪んで、マラソンが〝いつまでたっても終わらない〟と感じた」と述べた。

ウルトラランナーのロビン・ハーヴィーは、ギリシャで開催されたスパルタスロンで、85マイル［約136キロ］地点に達したとき、「自分のペースが遅くなっているだけでなく、時間そのものが原子レベルで拡大し、膨張したような感覚があった」。そして、持久系アスリートたちが体験する苦痛は「筆舌に尽くしがたい、深い悲しみをともなう苦悩」だと述べている。

そんな極限の状態でも前進することを学んだ経験は、その人の血となり肉となる。2011年、ウェスト・バージニア州のアパラチアン・トレイルのハイキングで、公式記録では最速（46日と11時間20分）となった、ジェニファー・ファー・デイヴィスは、著書『持久力の追求（*The Pursuit of Endurance*）』（未邦訳）において、自分が学んだもっとも重要なことのひとつは、「苦痛を取り除かなくても、前に進むことはできる。私たちが人生で味わう痛みは完全に消えることはなく、潮の満ち引きのごとく永遠に繰り返す。そんななかでも進歩することはできるし、人生がそれほどつらくない時期をありがたいと思うことができる。そしてつらいときは、祈ったり、泣いたり、もがいたりすればいい」と述べている。

持久系アスリートたちがレースでいちばん苦しいときを耐え抜くための戦略から、人間はいかに困難を乗り越えるかが見えてくる。研究者のカレン・ウィークスは、メキシコのモンテレイで開催された「アイアンマン世界選手権大会」で、10日間で10回のトライアス

ロンに挑戦する10名のアスリートを追跡した。水泳約38キロ、サイクリング約１８０２キロ、ランニング約４２１キロの長大なレースにおいて、アスリートたちが苦痛や自信喪失や疲労をどのように乗り越えるかを調べるのが目的だった。

アスリートたちの回答に出てくる言葉は、トラウマや喪失の経験者や、つらい治療を受けている患者や、アルコール依存症と闘っている人などが述べる言葉とよく似ていた。アスリートたちが学んだのは、「いま、この瞬間」に集中することだった。あまりのつらさに耐えかねて、もうだめだと思ったときは、目の前のあと1周、あと1マイル、あと1歩に集中した。

心の支えとなるポジティブな感情を呼び起こすため、アスリートたちは音楽を聴き、大切な思い出をよみがえらせた。どうしても苦しいときは我慢せずに、泣いたり、怒ったり、休んだりすることを自分に許した。

ほとんどの人は家族や愛する者のことを考え、心の励みにした。ある人は、「お父さんのことを誇りに思う」と書いてくれた、末の息子からのメールを思い出し、なにが何でも走り続けよう、と思うことができた。ある女性は、家族や友人たちとの会話を一つひとつ、心のなかで思い出していった。子どもと夫を亡くした人は、ふたりも一緒に走っていると想像することで、ふだんならありえないほどの持久力を発揮した。

神に語りかけ、力をお与えくださいと祈ったり、感謝を捧げたりする人たちもいた。苦しんでいる家族のことを思い、自分だってこの苦しみや疲労を乗り越えられるはずだ、と

勇気を奮い起こした人たちもいた。このレースに出て寄付金を募ることにしたのは、大切な目的があるからじゃないか、と決意を新たにした人たちもいた。

多くの人たちは、この苦しみも永遠に続くわけじゃない、と考えるようにした。ある女性は自分にこう言い聞かせた。

「遅かれ早かれ、最後の1周を走り切るときが来るんだから」

そう考えるのは、いつかは苦しみから解放されることを想像するためだけではなかった。喜びも苦しみもまじりあった「いま、この瞬間」を味わうためでもあったのだ。あるアスリートは、泳いでいるときも、自転車で走っているときも、これが一生で最後だ、と思って取り組むことにした。そう考えたことで思い入れが強くなり、たとえ苦しくても、「いま、この瞬間」を思いきり楽しもうという意欲がみなぎった。

傍観者にとっては、そういう心理作戦は目的を達成するための手段、つまり体の持久力を発揮するためのメンタルスキルだと思えるかもしれない。だが、アスリートたちの話を聞いてみると、本人たちはそうは思っていないようだ。それどころか、多くのアスリートの考え方は逆であり、体を追い詰めることが精神力を鍛えるための手段になっている。

耐久レースを走る意味

私がハワイ州ホノルル在住の30歳の英語教師、クリスティーナ・トーレスに、長距離走

について話を聞いたとき、彼女は聖歌「安けさは川のごとく」にふれた。「ロッキーのテーマ」や「炎のランナー」など、やる気が出る曲としてランナーたちに人気の曲とは、かなり趣が異なる曲だ。

この聖歌の歌詞が書かれたのは、１８７３年、ホレイショ・スパフォードが海難事故によって4人の娘たちを亡くした直後だった。妻と娘たちが乗った客船、ＳＳヴィル・ドゥ・アーヴル号がほかの大型船と衝突し、沈没してしまったのだ。妻は意識を失った状態で救助されたが、娘たちは4人とも溺死した。電報を受け取ったスパフォードは、ヨーロッパにいる妻のもとへ駆けつけるため、船に乗った。船長はスパフォードの娘たちの訃報を聞いていたため、船がその事故現場の海域を通過するとき、スパフォードにそっと告げた。

スパフォードは船のなかで、のちに多くの人びとの心を慰める歌詞を書いた。

安けさは川のごとく　心ひたすとき
悲しみは波のごとく　わが胸満たすとき
すべて安し　御神ともにませば

試練に遭っても、信念を失わずに生きようとする思いを込めたこの聖歌は、よく葬儀の際にも歌われる。

走ることについて語るときに、この聖歌はそぐわないように思うかもしれないが、トーレスにとってこの歌は、彼女が走る最大の理由を表現していた。

「疲れたときやたったの1マイルが堪えるときは、思い出すんです——走ることから私が学んだすばらしい教訓は、つらいことばかりじゃないということ。どうにか少しずつ、よくなっていく。『喜びの歌と共に朝を迎えさせてくださる』のです［旧約聖書　詩編30篇6節］」

トーレスが走るとき、体の苦痛や不安をおして一歩ずつ前へ踏み出すことは、信仰の実践であり、「すべて安し」とみずから唱える手段でもある。

「神が与えた試練なら、神が乗り越えさせてくださる。私は走ることで、そう実感するようになりました。必ず困難にぶつかって苦痛を味わいますが、苦しみもいつかは終わります。走ることで、それが腑に落ちたんです。険しい道のりもいつかは終わるのだと」

ほかのアスリートたちも同じような心境を語っており、彼らも体の苦痛を味わうなかで、骨身にしみるような学びを得ていた。困難を乗り越える自分の力や神の恩寵を信じ、試練もいつかは過ぎ去ると信じるのと、それを実際に体感するのとでは、大きなちがいがある。

2016年、トーレスはハワイのカウアイ・マラソンに参加した。彼女の言葉を借りれば、「見たこともないほど美しい風景のなか、怖気づくほど急峻な山道がいくつも連なっている」コースだ。高低差600メートル以上のコースを走りながら、トーレスは思うようなペースが出せず、ほかのランナーたちに追い抜かれ、何度も挫けそうになった。だが、

18マイル［約28キロ］地点で山並みの頂上に到達したとき、突然、息を呑むような美しい眺望が開けた。果てしなく広がる絶景に陶然としながら、彼女のなかで変化が起き、感謝の思いがこみ上げてきた。

走れるって、何てすばらしいんだろう。私は何て恵まれているんだろう。

そんなとき、どこかから祖父の声が聞こえた。

「心ゆくまで味わうんだよ」

喜びのあまり、トーレスは泣き出した。山道を走り下りながら、何度もつぶやいた。

「ありがとう、ありがとう……」

私はトーレスから聞いたこのエピソードを思い出しながら、ウルトラマラソンはほぼ例外なく、野外で開催されることに気づいた。募金イベント等をのぞけば、トレッドミルで長距離マラソンに挑戦する人はいない。人びとは荒野を駆け抜け、川のなかを歩き、山に登り、渓谷を下る。

もっとも過酷なウルトラマラソンとマゾヒズムのちがいは、コンテクストにある。ウルトラマラソンでは、苦しみを味わうために苦しむのではない。大自然のなかで味わう苦しみには、必ずと言っていいほど自己超越の瞬間が訪れるからだ。耐久レースのトレーニングは、苦しみのなかに意味を見出すことを学ぶためでもあるならば、畏怖や感謝の思いが湧いてくる環境に身を置くのは望ましいことだろう。

自然のなかで、人は景色の思いがけない変化に心を打たれ、野生動物の姿にときめく。夜空の星をうっとりとながめたり、夜明けの曙光に勇気づけられたりする。そうした超越的な感情は、個人の苦しみや疲労を別のコンテクストに置く。

それを考慮に入れなければ、ウルトラマラソンのアスリートたちがやっていることを理解するのは不可能だ。疲労のどん底で思いがけず高揚感を味わった経験は、どんなにつらい状況でも、思わぬ喜びの瞬間が訪れることを思い出させてくれる。

実際にそういうことがあるのだと知ることで、私たちはもっとも過酷な苦しみを乗り越えていく。苦しみも喜びもともに味わう方法を見つけること——それこそが、人間が耐えがたいほどの苦しみを乗り越える方法なのだ。

約４８０キロのウルトラマラソン

毎年恒例のウルトラマラソン「ユーコン・アークティック・ウルトラ」では、世界中から集まったアスリートたちが、カナダのユーコン準州を縦断するユーコン・クエスト・トレイルに沿って、約４８０キロのコースをランニングかクロスカントリースキーかマウンテンバイクで走破する。参加者たちは、脱水症状、低体温症、凍傷、雪崩、薄氷による転落事故、野生動物による襲撃、精神的トラウマ、死亡を含む重大な人身事故の可能性があることを認識し、「免責および権利放棄同意書」へのサインを求められる。

２０１８年の大会では、気温が約マイナス10℃まで下がり、参加者たちは1名を除いて全員、病気や疲労や機材の故障によって途中棄権した。主催者側は大会を途中で打ち切り、午前3時45分、南アフリカのジェスロ・デ・デッカーがゴールの約51キロ手前のチェックポイントを通過した時点で、優勝を宣言した。

最後まで残ったアスリートのひとり、61歳のロベルト・ザンダは、重度の凍傷によってヘリコプターで移送されたが、両手両脚を切断する可能性があった。彼はカナダのホワイトホースの病院へ運ばれ、病床からカナダ放送協会（ＣＢＣ）のインタビューに応じた。両手および両脚のひざから下の部分は包帯が何重にも巻かれ、血液循環が戻るかどうか、まだわからなかった。

強者《つわもの》を意味する「マッシチオーネ」というあだ名をもつザンダはＣＢＣの取材で、「手足よりも、命が助かったことが重要です」と言い、「たとえ義肢を使ってでも」また大会に出るのを楽しみにしていると述べた。

6週間後、医師たちの手立てもおよばず、ザンダの右手および両脚のひざから下が切断された。その後、カーボンファイバー製の義足と最新式の筋電義手《バイオニック・ハンド》が装着された。彼は故郷イタリアのサルデーニャ島のカリャリに戻り、トレーニングを再開した。やがて夏には、義足を使って初めて、ナミブ砂漠横断約２５０キロのウルトラマラソンに参加登録したのだ。

哲学専攻の大学院生、クリスティ＝アン・バローズは、ウルトラ耐久レースのランナー

たちにインタビューをおこなった。その結果、浮かび上がってきたテーマは、希望の重要性だった。「どのランナーも、希望と絶望がせめぎ合うなか、希望が優勢になるように心がけていた」とバローズは述べている。

「希望こそが、明るく粘り強くがんばる姿勢を可能とする」

持久力が、レジリエンスを生む

持久系アスリートたちがひたすら前進を続ける能力には、見る者を奮い立たせ、圧倒するものがある。ロベルト・ザンダが義足を使って初めて上り坂に挑戦する姿を、私は動画で観た。彼はその動画で、「私は生きることを選んだ」と語り、あの丘をもう一度、２か月以内に走ってみせると誓った。彼らがウルトラ耐久レースに惹かれるのは、生まれながらに強靭な気力と体力に恵まれているおかげだろうか？　それともトレーニングのおかげで、逆境に負けない強さを発揮できるからだろうか？

答えはもちろん、そのふたつが合わさったものだ。ところが新たな研究によって、レジリエンスは持久力を発揮するために必要であるいっぽうで、逆に、持久力を発揮した結果として、レジリエンスが培われる場合もある、と考えるべき根拠が示された。

２０１５年、ベルリンの宇宙医学極限環境センターの科学者たちは、ユーコン・アークティック・ウルトラに参加したアスリートたちの追跡調査をおこなった。人体が過酷な環

境にどのように対応するのかを調べるためだ。アスリートたちの血液中のホルモンを分析したところ、イリシンというホルモンの数値がきわめて高いことがわかった。イリシンは体脂肪を燃焼させる代謝機能で知られているが、じつはイリシンは脳にも強力な効果をもたらすのだ。

　イリシンは脳の報酬系を活性化させるほか、天然の抗うつ剤としての効果もある。イリシンの血中濃度が低いとうつ病のリスクが高くなり、逆に血中濃度が高いとモチベーションが高まり、学習能力が向上する。イリシンをマウスの脳に注射すると（この実験は、まだ人間を対象としていない）、学習性無力感や、脅威を感じても体が動かないなど、うつ病に関連する症状が減ることがわかっている。さらに、イリシンの血中濃度が高いことは、認知機能の向上とも関係があり、アルツハイマー病などの神経変性病の予防につながることもわかっている。

　ユーコン・アークティック・ウルトラに参加したアスリートたちは、大会の開始前の時点で、一般の人びとにくらべてイリシンの血中濃度がはるかに高かった。そして大会中、イリシンの血中濃度はさらに上昇した。アスリートたちは低体温症や極度の疲労に襲われたが、彼らの脳内では、脳の健康を維持し、うつ病を予防する脳内化学物質が、さかんに分泌されていたのだ。なぜ彼らのイリシン血中濃度はそれほど上昇したのだろう？　答えのヒントは、ウルトラマラソンの性質とアスリートたちの運動量にある。

イリシンは「運動ホルモン」とも呼ばれ、新規マイオカインとして知られている。マイオカインは筋肉中でつくられ、体を動かしているときに血液中に分泌される（ちなみに、Myoは筋を、Kineは作動物質を意味する）。人間生物学の分野において、最近もっとも画期的な発見は、骨格筋には内分泌器官としての働きがあることがわかったことだ。筋肉は副腎や下垂体のように、体内のすべてのシステムに影響するタンパク質を分泌している。それらのタンパク質のひとつがイリシンだ。

トレッドミルで1回走るだけで、血液中のイリシン濃度は35パーセントも上昇する。ちなみに、ユーコン・アークティック・ウルトラにおける運動時間は、最大で1日15時間だ。筋収縮の一種である生理的振戦も、血液中へのイリシンの分泌を引き起こす。

したがって、ユーコン・アークティック・ウルトラの参加者たちは、極限環境と激しい運動が組み合わさったことで、マイオカインの血中濃度がずば抜けて高くなったのだ。

運動しているときに血液中に分泌される有益なマイオカインは、イリシンだけではない。２０１８年のある科学論文では、１時間のサイクリング中に大腿四頭筋から分泌されるタンパク質は、35種類もあることがわかった。筋肉の増強に役立つものもあれば、血糖値の調節や、炎症の緩和、がん細胞の破壊などの働きをするものもある。科学者たちは現在、運動の長期的な健康効果は、筋収縮によって分泌される有益なマイオカインの効果によるものと考えている。

メンタルヘルスへの強力な効果

マイオカインに関する研究の多くは病気の予防効果に注目しているが、とりわけメンタルヘルスには強力な効果が表れている。たとえば、血管内皮増殖因子（VEGF）と脳由来神経栄養因子（BDNF）（当初は脳内でしか産生されないと考えられたため、このような名称がつけられた）は、脳細胞の健康を守るほか、脳が新生神経細胞を生み出すのを助ける働きもある。薬物治療や電気ショック療法など、生物学的療法として知られているものは、いずれもこれらの神経栄養因子《ニューロトロフィン》の血中濃度を上昇させる作用がある。

マイオカインの一種であるグリア細胞株由来神経栄養因子（GDNF）は、中脳のドーパミン神経細胞を守る働きがある。ドーパミン神経細胞が破壊されると、うつ病やパーキンソン病を含む、さまざまな病気につながる。薬物中毒になると、副作用としてドーパミン神経細胞の破壊が知らぬ間に進行する。運動はドーパミン神経細胞を保護する神経栄養因子の分泌を引き起こすため、これらの症状を予防し、進行を遅らせ、あるいは改善する効果がある。

さらに、その他のマイオカインには脳の炎症を抑える効果があり、神経疾患の予防や、うつ病や不安症の症状の緩和にもつながる。マイオカインのなかには、慢性のストレスによる神経毒性物質の代謝をうながし、神経毒性物質が脳に到達するまえに、血中で無害な

物質に変える働きがある。見たり感じたりすることはできなくても、運動をするたびに、体内ではそのような作用が起こっているのだ。

運動誘発性のマイオカインをいち早く取り上げたある科学論文は、それを「希望の分子」と呼んだ。持久系アスリートたちは、「とにかく一歩ずつ足を前に出す」という言葉をよく口にする。これ以上走るのは無理かもしれないと感じても、一歩ずつと思えば前進できるのだと実感することで、自信と勇気が湧いてくるからだ。

ところが「希望の分子」の存在によって、それがたんなる思い込みではないことが明らかになった。筋肉から、希望が生まれるのだ。一歩進むたびに、体内ではマイオカインを分泌する筋肉が２００か所以上も収縮する。体を前進させる筋肉は脳にタンパク質を送り、レジリエンスをもたらす脳内化学物質を活性化させる。

ここで重要なのは、こうした脳内化学物質が血液中に分泌されるには、なにもウルトラマラソンを走る必要はないことだ。筋収縮をともなう動きなら何であれ——すなわち、ありとあらゆる動きによって、有益なマイオカインが分泌されるのだ。

アスリートのなかには、生まれつき持久力に恵まれているおかげで、ウルトラ耐久レースに魅力を感じる人たちもいるかもしれない。極限環境のなかでゴールを目指すには持久力がものを言うため、やりがいも喜びも感じるだろう。だが同時に、耐久レースの厳しいトレーニングを重ねることで、精神力が鍛えられる部分もあるはずだ。

ウォーキング、ハイキング、ジョギング、ランニング、サイクリング、水泳などの持久

系スポーツでも、インターバル・トレーニングなどの高強度運動でも、メンタルヘルスにとりわけ効果的なマイオカインが分泌される。運動量の多い人たちが、トレーニングのスピードや強度を上げたり、練習量や距離を増やしたりすると、筋肉からさらに大量のマイオカインが分泌される。

ある研究では、参加者が疲れ果てるまで走った場合、走っている最中にイリシンの血中濃度が上昇し、その後、回復期に入っても上昇したままであることがわかった。まるで、静脈内注射で希望を注入したかのようだ。

ウルトラマラソンの世界トップレベルの選手たちは、うつ病、不安症、トラウマ、依存症などの既往歴のある人が多い。なかにはショーン・ビアーデンのように、ウルトラマラソンによって命を救われているという人もいる。これも、人びとがウルトラ耐久レースの世界に惹かれる理由のひとつだ。超人的な持久力に恵まれてこの競技を始める人もいれば、少しずつレジリエンスを身につけていく人もいる。

ビアーデンと話してから数か月後、彼の写真が私のインスタグラムのニュースフィードに流れてきた。山脈へと続く道の真ん中で撮った写真で、両側に草原が広がっている。空は真っ青だが、どうやら撮影した人の頭上には大きな暗い雲が漂っているらしい。私は、ビアーデンがうつ病のことを黒い雷雲が迫ってくるようだと語ったのを思い出した。その写真の下には、ビアーデンのコメントがあった。

「きょうは軽く走るはずが、強風が吹き荒れて大変なことに。こうやってトレーニングを

できることが本当にうれしい。大地を走れる日は、いつだって最高だ」
その下に、トレイルランの仲間からだろうか、励ましのコメントが1件入っていた。
「激しく同意！　がんばって」

「自分という人間」の本質を知る

アドベンチャースポーツの選手、テリー・シュナイダーは現在57歳、これまでアフリカや南米やヨーロッパ各地の最高峰の山々を征してきた。サハラ砂漠を走り、雨季のブータンの山々を自転車で駆け抜け、先住民族のアチュアル族の案内で、エクアドルの熱帯雨林をトレッキングした。シュナイダーのおもな戦績を見ていくと、超現実主義者《シュールレアリスト》の悪夢と見まがうほどだ。

中国でゴビ砂漠の塩原を走っていたときは、突然、太ももまで泥にはまったと思ったら、飢えた地中生物にもぎ取られたかのように、両足のシューズがなくなっていた（レースの残りの行程は、靴下のまま走った）。標高約３０００メートルのコスタリカの火山をマウンテンバイクで下っていたときは、岩に衝突した。回復するまで、手足を広げて地面に寝転がっていたら、野犬に襲われた。

あるときは、足こぎボートを漕いでいたら、サメやウミヘビがうごめく海のなかに転落した。馬に乗っていたら、流砂に引き込まれて身動きが取れなくなったこともある。ジャ

ングルの暗闇を歩いていたときは、体温を感知したヒルたちが彼女に飛びつき、手袋やズボンのなかなど、ありとあらゆる隙間に入り込んだ。靴紐の穴や服の縫い目から、血がじわじわとにじみ出てきたようすが、いまも彼女の目に焼き付いている。

以上のような体験談が、「アドベンチャーレースで体験した最悪のことは何ですか？」という質問に対する回答だと思ったら、大まちがいだ。シュナイダーがこういう話をするのは、ウルトラ耐久レースの選手であることに、やりがいを覚える理由を説明するためなのだ。彼女の冒険が繰り広げられるのは世界有数の秘境ばかりで、ほとんどの人には一生縁のないところだろう。

「ああいう過酷な環境では、人間はさまざまな意味で苦しみを味わいます」シュナイダーは私に言った。美しい自然に囲まれながら、乗り越えるべき苦難が待ち受けているところに醍醐味があるという。

「苦しいときはひと息ついて、まわりの景色を味わって、それからまた走ればいい。私はいま、ここにいる――それだけで最高の気分です。苦しみ抜いてがんばったからこそ、ここまでたどり着くことができた。これは、人間の体力と精神力の可能性の証明でもあります」

シュナイダーにプロのアドベンチャースポーツ選手になった経緯をたずねたところ、彼女はこう答えた。

「虐待や摂食障害の経験はありません。平凡な失恋は味わいましたが、トラウマの経験も

ありません。私はただ、強い女性になりたかったのです」

初めて自分の体の限界を乗り越えたときのことを、シュナイダーはいまでもよく覚えている。10歳のとき、クロスカントリー大会に出場したのだ。順位は最後から2番目だったが、そんなことはどうでもよかった。

「体の限界を超えたことで、まったく新しい世界が開けたのです。私は喜びでいっぱいでした。面白くて、わくわくして、ほかでは味わえない経験でした。あれから何十年も経ったいまでも、大会に出て、自分の限界に挑戦して、最高の気分を味わえるのは、本当にありがたいことだと思っています」

世間のプレッシャーからの解放

アドベンチャースポーツをしているとき、シュナイダーは、女性としてこう考えるべき、こうふるまうべき、という世間のプレッシャーから自由になったように感じる。

「大自然の脅威や危険と闘いながら体力の限界に挑戦するなんて、女性として、ほかのことでは味わえない経験です」シュナイダーは私に言った。

「社会的基準もなければ、文化的なメッセージもない。外見はこうあるべき、自分のことはこう考えるべきという押しつけもない。余計なことは大自然がきれいさっぱり消し去ってくれます」

なにが起こるかわからない荒野で、社会的規範というプレッシャーから解放された自分が好きだ、と彼女は言う。

「もちろんいつものテリーだけれど、決断力に富んだテリーや、たくましいテリー、自信にあふれたテリー、満ち足りたテリー、それに感謝でいっぱいのテリーになれるんです」

大会を選ぶとき、シュナイダーは「意欲的な挑戦」と呼べるものを探すことにしている。つまり、難易度が自分のこれまでの経験を上回っており、できるかどうかわからないような大会だ。彼女は自分にそれをやりとげられるかを知りたいだけでなく、どのような展開が待ち受けているか、新しい困難な環境に自分がどう対処できるかに興味があった。自分の能力の限界に挑戦することで、思いがけない力が引き出されるのを見たいのだ。

それはアドベンチャースポーツの選手たちに共通するモチベーションでもある。困難をきわめた２０１８年のユーコン・アークティック・ウルトラで優勝した、ジェスロ・デ・デッカーはこう述べている。

「自分という人間の本質を知るために、これ以上の方法があるだろうか?」

シュナイダーにとって記念すべき意欲的な挑戦のひとつは、約25年前、ユタ州で開催された10日間連続のチーム・アドベンチャーレース、「エコ・チャレンジ」の第1回大会に参加したことだ。参加者たちは5名ずつのチームを組み、約６０５キロのコースを乗馬、ランニング、マウンテンバイクで走破する。

その道のりは険しく、岩をよじ登り、懸垂下降《ラペリング》で渓谷に降り立ち、ゴムボートやカヌー

で急流を下らなければならない。経験豊富なアスリートたちが50チームに分かれて競ったが、完走したのはわずか21チームだった。後日、ある医学雑誌はこの大会について、ウルトラ耐久レースの標準からかんがみても、「前例のないほど重大な」身体的リスクをともなう事例であると指摘したほどだ。

この大会に参加登録したとき、シュナイダーはロッククライミングの経験が乏しく、高所から見下ろすとパニックを起こしてしまう傾向があった。クライミングの練習で高さ9メートルからのラペリングをしたところ、まるで悪霊が現れて金縛りにあったかのように、恐怖で体が動かなくなった。彼女がエコ・チャレンジに挑戦しようと思ったのは、恐怖を克服するための機会になると思ったからだ。

この大会で最難関のクライミングでは、約３６５メートルの絶壁を固定ロープで登る。約30メートルごとに岩肌のうえで動きを止め、別のロープに移動しなければならない。もしたった1回でも失敗すれば、川に落下してしまう。

チームの仲間とともに断崖の下へ到着したシュナイダーは、切り立った絶壁を見上げ、思わず身がすくんだ。回顧録『ダーティー・インスピレーション（*Dirty Inspirations*）』（未邦訳）において述べているとおり、彼女はこのとき、頭のなかで3つの選択肢を考えていた。やめるか。恐怖にとらわれたまま絶壁を登るか。それとも恐怖を受け入れ、とにかく片手ずつ上へ伸ばしながら、３６５メートルの絶壁を登り切るか。シュナイダーは最後の選択肢を選んだ。

崖を登っていく彼女に、恐怖がどこまでもつきまとう。心を落ち着かせるため、彼女はふたつの感覚に集中した。岩をつかむ手の感覚と、ハーネスに連結させたアッセンダーに通っているロープの感覚だ。4時間後、ついに断崖の頂上にたどりついた。彼女は崖の端に立ち、雄大な眺めを味わった。

「この経験で学んだのは、恐怖は克服できるとか、恐怖は消し去ることができる、なんてことではありません」シュナイダーは私に言った。

「私のなかで変わったのは、切り札を自分の手にもったまま、恐怖と折り合えるようになったことです。恐怖の感じ方は、自分でコントロールできるのです。私は自分の恐怖を分析し、冷静に見つめ、恐怖と折り合いをつけます。恐怖を致命的な問題とは考えずに、情報として受けとめる。決定権は私にあるのです」

やりとげる経験

シュナイダーがクライミングで味わった恐怖は、スケールはだいぶ小さいが、私も体験してよく知っている。数年前、私は夫に誘われてインドアのロッククライミングに挑戦した。これは、私にとってはかなり意欲的な挑戦だった。なにしろ、高層ビルの窓辺に立つだけでめまいがして、落下しているような感覚に襲われるのだ。

ジムに到着すると、私は人工の岩壁の前でハーネスを装着された。もし落ちても、夫が

命綱を握っているから大丈夫だ。だが安全対策をしているにもかかわらず、高さ6メートルに到達すると、私はそれ以上登れなくなった。体が固まってしまい、頭のなかで「早く降りて！」という声がした。こうなると、どんな壁だろうがホールドの配置がどうなっていようが、関係なかった。中脳の恐怖神経回路の作用によって、脳の運動皮質ニューロンが、「つぎのホールドに手を伸ばす」という指令を出せなくなっていた。

私はこの6メートルの心理的な壁は打ち破れないだろうと思っていた。これはおそらく危険を嫌った先祖から私に受け継がれた、安全装置のようなものなのだ。それ以上登ったらどうなるのか、無理に試してみようとは思わなかった。

ところが、シュナイダーと話してから数か月後、私はふと彼女が３６５メートルの絶壁を一手ずつ登っていく姿を思い浮かべていた。シュナイダーがやりとげたことを、自分にもできるとは到底思えなかったが、彼女が語った恐怖はわがことのように感じた。

やっぱりもう一度、「プラネット・グラニテ」に行きたい、と私は夫に言った。15年前、初めてクライミングに挑戦し、高さ6メートルで限界を感じた場所だ。

ジムで1時間の安全講習を受けたあと、高さ15メートルのウォールから垂れ下がるロープに接続された、ハーネスを装着した。夫がロープを握っており、私が落ちたら即座にスラックを引っ張れるよう、待ちかまえている。

となりでは10歳くらいの男の子が両親から登り方を教わっていて、私はいつのまにか、その子と並んで登っていた。ところが、ほんの少し登っただけで、私は止まりたくなった。

前回の最高記録6メートルにすら、遠くおよばない。それでも、となりで登っている男の子がものすごく楽しそうで、こちらまでつい明るい気分になってくる。けれども、やはり高さが増すにつれ、止まりたいという本能が強まった。私はテリー・シュナイダーのことを考えた——絶壁を半分まで登ったとき、彼女はどんな気分だったのだろう。私は自分に向かって言った。

一手ずつでいいから、登り続けよう。

ロープの振動から、夫の支えをすぐそばで実感できたのもありがたかった。「僕がついてるよ」と私に伝えようとしているのだ。がんばれ、と励ますようにロープは何度も揺れた。

1回目でウォールを登り切ったのは、自分でも予想外だった。根強い恐怖心のせいで、きっと失敗すると思っていたのだ。頂上にたどりついた私は、ウォールに固定されたベルを打ち鳴らし、成功を知らせた。その瞬間、こんなことはまったく想像もしていなかったことに気づいた。ジムに着いてハーネスを装着するところや、途中で地面に落ちてしまうところは、まざまざと目に浮かんできたのに。自分が「できる」と思っていなかったことは、頭のなかでイメージすることすらできていなかったのだ。

地面に降りたとたん、やりとげた実感が湧いた。夫が「やったね！」と言ってくれたが、私は呆然として、まともに返事もできなかった。1回目がうまくいったあと、私はすぐにほかのふたつのルートにも挑戦した。まぐれではないと確信したかったのだ。恐怖心は完

全にはなくならなかったが、私は腹を決め、ちょっぴりわくわくしながら登れるようになった。

15年前からずっと、私は6メートル以上は登れないと思い込んでいた。いったいなにが変わったのだろう？　いちばん大きなきっかけは、おそらくシュナイダーと話したことだ。最初は、彼女の話を聞いて刺激を受けたものの、自分には絶対に無理だと思っていた。だがどういうわけか、もしかしたら私も勇気を出せるかもしれない、と思うようになったのだ。

クライミングをしながら夫の支えを実感できたことで、私は恐怖を感じてもひるまずに登り続けることができた。それから私のとなりで嬉々として登っていた、あの10歳の少年のおかげでもある。あの子のはじけるような喜びが、私にも伝染したのだ。

私はジムへ向かう車のなかで、恐怖だけでなく、勇気や喜びも感じながら登れるようになりたいと思っていた。けれどもウォールを登りながら、私は気づいたのだ。勇気や喜びが湧いてくるまでは、まわりの人の励ましを心の支えにすればいい。自分ひとりで勇気を奮い起こそうとしなくていいのだ。私の経験をかたちづくるのは、私自身だけではない。同じような経験をした人たちや、そばで見守っていてくれる人たちも含まれるのだと考えればいい。

シュナイダーと会って話したとき、彼女はこう言った。意欲的なチャレンジをやりとげたときは「あらためてその経験を振り返って、われながらすごいことをやってのけたな、

と驚いてしまいます。やってのけたという自信は絶対になくなりません。たとえ人生でどんなことがあっても、自分がやりとげたことで手に入れた自信は、一生なくなりません」

クライミングに成功したことで、私もそんな自信を手に入れた。

「ついにやった！」ジムでも、帰りの車のなかでも、思わず何度もつぶやいてしまった。けれども後日、あのときの経験をふり返ったとき、私の心に湧き上がってきたのは、感謝の気持ちだった。意欲的なチャレンジがもたらす恩恵のひとつは、その経験からなにをもっとも学ぶべきかを、自分で決められることかもしれない。達成感なり、感謝なり、自分がずっと心に留めておきたいことを刻みつければいい。

シュナイダーは、アドベンチャースポーツにたったひとりで挑戦することに、たまらないスリルを感じると語っていた。荒野の奥深くに分け入っていき、自分ひとりの力でやっていけると実感できるからだ。

いっぽう、私がいちばん大切にしたい教訓は――いまふり返っても、感嘆せずにいられない思い出は――まるで正反対だ。そびえ立つウォールの前で恐怖を感じたとき、私を支えてくれる人たちがいた。あの意欲的なチャレンジを乗り越えたあとは、できるかどうか自信のないことでも、自分がやってみるところを想像しやすくなった。地上15メートルのベルを打ち鳴らしたことも自信になったが、もっと心強く感じたことがある。それは、自分ひとりの力では乗り越えられないような状況でも、家族や、友人や、見知らぬ人さえもが、一緒になって私を励ましてくれるということだ。

五輪史上、もっとも感動を呼んだシーン

オリンピック史上、もっとも大きな感動を呼んだできごとが、１９９２年のバルセロナ大会で起こった。イギリスの短距離選手で世界記録保持者のデレク・レドモンドが、男子４００メートル準決勝でまさかの最下位となったレースだ。１９８８年のソウル大会は、負傷のため出場を逃したレドモンドだったが、バルセロナではメダル獲得が濃厚と見なされていた。

その場面は動画でも観ることができる。レドモンドは快調なスタートを切ったが、15秒後、彼は右脚の後ろをつかんで速度を緩め、ぴょんぴょん歩き出す。その2秒後、地面に座り込んでしまう。

太ももの後ろを撃たれたのかと思った、と本人は語っている。それほどの激痛は、ハムストリングスの肉離れによるものだった。

レドモンドがようやく立ち上がったとき、ほかの選手たちは、みなとっくにゴールしていた。レースは終わったのだ。ところが、レドモンドは諦めなかった。苦痛に顔をゆがめ、集まってきたテレビカメラやメディカルスタッフをかわしながら、ぎこちなく跳ねるように進んでいった。そのとき、野球帽をかぶった中年の男性がスタジアムの席を立ち、トラックに駆けこんできた。男性は係員らの制止を振りきってレドモンドのもとに駆け寄り、

肩に手をまわした。また係員が止めにきたのかと思ったレドモンドは、男性の手をふり払おうとした。そのとき、声が聞こえた。

「デレク、私だよ」

ふり返ると、父親がいた。

レドモンドの父は息子の手をにぎり、腰に手をまわした。ふたりは並んで走り始めたが、やがてレドモンドはうめき声をあげて泣き出し、速度をゆるめて歩き始めた。よたよたと進みながら、父の胸に顔をうずめた。

「もうやめてもいいんだぞ」父は言った。「むきになって自分の能力を証明しなくてもいいんだ」

だが、レドモンドは言った。

「5番レーンに戻りたい。完走したいんだ」

ふたりは歩き続けた。責任者が止めようとしたが、レドモンドの父は手で払いのけ、大声で言った。

「私は父親です。やらせてやってくれ！」

カメラマンたちがふたりを取り囲んだ。恥辱のあまり、レドモンドが顔を片手で覆うと、父は彼の手首をつかみ、ゆっくりと下におろした。観客たちが声援を送り始め、レドモンドと父は最後の数百メートルを歩いてゴールした。

レース後、カナダの選手がレドモンドにメッセージを送った。「やり抜く力と意志の強

さがきわだった、これほど純粋で勇敢な姿を、僕は見たことがない」と、レドモンドのゴールを讃えた。

レドモンドのやりとげる熱意と苦痛を耐え忍ぶ力は、たしかに驚嘆すべきものだ。だが、人びとをもっとも感動させたのは、彼の粘り強さではないだろう。アスリートでも陸上選手でもない彼の父が、息子を助けようとして無我夢中で駆けつけたこと。そして国の英雄である強靭なスポーツ選手が、助けを素直に受け入れたことだ。

このオリンピックの名場面が、動画を観ただけで泣いてしまうほど人びとを深く感動させるのは、レドモンドが粘り強くがんばったからだけではない。私たちが諦めずに前に進み続けるには、互いに支え合うことがどれほど必要かを示しているからだ。

耐久レースは、ひとりではゴールできない

持久系アスリートたちの話を聞いていて、まず気づくのは、自分ひとりの力でやっていける人などいないということだ。最初は、自分の能力を証明したい、普通の人にはできないことをやりたいなど、競争心がモチベーションになっている場合もあるだろう。だが大会に出れば、一筋縄ではいかない、過酷な現実が待ち受けている。ウルトラ耐久レースを乗り切るうえで重要なのは、アスリート本人の強さだけでなく、まわりの人を頼りにすることだ。多くのアスリートは、ほかのみんなも苦しんでいるのだと思うだけで、元気づけ

られる。

ある男性ランナーは、耐久レース中にひとりぼっちになったときは、いまごろほかのみんなも、きっとどこかで苦しい思いをしているはずだ、と考えるようにしていると語った。また、あるウルトラランナーは「つらいのは自分だけじゃないと思うと、少し気分が楽になる」と言っている。

ほとんどのアスリートには、友人や家族やコーチなどのチームがついており、大会のために準備し、完走するためのサポートをしてもらっている。コースの各ポイントに設置されたエイドステーションでは、ボランティアのスタッフが待機し、参加者たちが栄養補給や水ぶくれの処置をし、走り続ける気力を奮い起こせるように、気を配っている。

アスリートたちも互いに助け合い、持ち物を分け合ったり、自分のベストタイムを犠牲にしてでも、仲間が走り続ける手助けをしたりする。ソフトウェアエンジニアのジョイ・エバーツは80キロレースの途中、胃腸障害で倒れた。脱水症状を起こしていたが、つぎのエイドステーションまでは８キロもあった。すると通りかかったランナーが、立ち止まって彼女を介抱してくれた。

「彼は自分の水を私にくれ、つぎのエイドステーションまで一緒に歩いてくれたんです。いいタイムを出せたかもしれないのに、大きな犠牲を払って」

あるウルトラランナーは、初めて徹夜で１００キロのトレイルレースに参加したとき、ヘッドランプのバッテリーが切れて、暗闇で立ち往生してしまった。すると、あとから追

いついたランナーが、自分のヘッドライトで彼も走れるよう、夜明けまで一緒に走ってくれた。

あるランナーはこう語った。

「もしあなたが替えの靴下をもっていて、誰か靴下が必要な人がいたら、なくしたと思ってあげてしまえばいいんです。そういうことは、最後にはすべてうまくいくから大丈夫。つまり、あなたはコミュニティの一員、家族の一員なんです」

研究者のジェンナ・クイックはウルトラランナーたちに、あなたにとってのウルトラマラソンをもっともよく表現している写真を送ってください、と依頼した。すると、スニーカーや血だらけの脚の写真は送られてこなかった。メダルの写真もなければ、大自然の風景写真もない。ほとんどの人が送ってきたのは、ほかのランナーたちと一緒に走っている自分の写真だった。

「それらの写真から浮かび上がってきたのは、コミュニティだった」とクイックは述べている。アスリートたちのあいだに絆が生まれるのは、苦しみをともにするからでもある。研究においても、肉体的な苦痛をともに経験した場合——たとえば、氷水のなかに手をつける、トウガラシを食べる、疲れ果てるまでスクワットをするといった単純なことでも——見知らぬ他人同士の信頼感や親近感が強まることがわかっている。

持久系スポーツの大会のように、個人的な意義をもつうえに、多くの人びとの賛同を得

られるチャリティーイベントなどでは、苦難をともに味わうことで生まれる絆は、なおさら強固なものになる。

人類学者のハーヴェイ・ホワイトハウスとジョナサン・A・ランマンは、苦痛をともなう集団の儀式は「同族心理をうまく利用して」、「儀式に参加する仲間たちとの融合をもたらす」ことにより、他人同士の絆を構築すると述べている。

言い換えれば、きわめて困難な経験をともにした人たちは、家族になるのだ。スペインのサン・ペドロ・マンリケの火渡りの祭りの参加者は、研究者にこう語った。

「あの祭りに参加したら、みんな兄弟になるんです」

別の参加者はこう語った。

「祭りの翌日、一緒に火の上を歩いた人を街なかで見かけると、あれをともに乗り越えた仲間だ、という絆を感じます。特別な関係なのです」

ウルトラ耐久レースでは、互いに面倒を見ることも親近感が生まれる要素のひとつだ。サポートメンバーや、ボランティアや、競技の参加者たちの手記を読んだり、動画を観たりしていると、足の出血や水ぶくれの処置をしたり、泣き出した人に肩を貸してやったり、嘔吐や下痢を起こした人たちへの水分補給を手伝ったりしていた。私はふと、がん患者たちを担当している看護師、ニキ・フレマーの言葉を思い出した。

「病気になると、くだらない見栄やプライドなど剥げ落ちてしまいます」彼女は言った。

「弱っているときは、自分から他人《ひと》に頼ることはなかなかできないとしても、つながる力

は強まっているのです」

　このことが持久系アスリートたちの絆を深めているのは、まちがいないだろう。人体の過酷な現実は、自分は無敵だなどという幻想を打ち砕いてしまうからだ。

　ホスピスの介護士たちを対象とした調査によれば、多くの人が人生の終わりに抱える悩みのひとつは、ひとに迷惑をかけたくないということだ。

　ウルトラ耐久レースでは、当然のごとく介抱がおこなわれ、他人に面倒を見てもらうことを誰もが素直に受け入れ、親近感さえ生まれている。それを考えると私はあらためて、耐久レースは人間同士の相互依存を実践する場になっている、と思わずにいられなかった。

極限状況で「人に頼ってもいい」と気づく

　持久力の限界まで自分を追い込む経験をしたことによって、人間は互いに支え合い、助け合って生きているという大切なことに気づくひとは多い。

　日本の比叡山延暦寺には、スピリチュアル・アスリートとも呼ぶべき修行僧たちがいる。この寺の千日回峰行《せんにちかいほうぎょう》という修業では、修行僧たちは真夜中に起き、峰や谷を越えながら約30キロの山道を6時間で巡拝する。季節や天候を問わず、たとえ雪が降っていても、わらじを履いて歩かねばならない。雨が激しいときは、わらじが壊れた場合に備えて、替えの一足をもっていく。30キロの道のりで休憩はたった1回、2分間、経を唱えるときだけだ。

この回峰行は、経典の勉強や座禅などと同じく精神修養とみなされている。回峰行の歴史は平安時代までさかのぼると言われる。１８８５年以来、7年間で満行《まんぎょう》を果たした僧はわずか51人だ。ひと晩で歩く距離は、7年間で段階的に増えていく。最後の年は84キロにおよび、休憩なしでマラソン2回分の行程を歩くことになる。

光永圓道《みつながえんどう》は、千日回峰行の満行者のうち、数少ない存命の僧侶だ。２０１０年、光永はアメリカのナショナル・パブリック・ラジオの取材に対し、修業で得たもっとも大切な悟りについて語った。最初の７００日の回峰行を終えたあとにおこなう「堂入り」という修行では、９日間の断食・断水・不眠・不臥で不動真言を唱えつづける。その儀式によって極度に消耗した彼が生き延びられたのは、ひとえに仲間の僧侶たちが世話をしてくれたおかげだった。その後も続いた合計7年間の壮絶な修行によって、心にもっとも深く刻まれた意義深い悟りについて、彼はこう語った。

「人はみな、自分は誰の世話にもならずに生きていると思っています。でも、そんなことは不可能なのです」

精神面であれ、肉体面であれ、他人に頼ってもいいのだと思うことは、レースだけでなく、人生で役立つ貴重な教訓となるはずだ。

あるとき、ショーン・ビアーデンは、１６０キロのウルトラマラソンに初挑戦することにした。平均的な参加者の場合、完走するには28時間かかる。そこで、徹夜で走る時間帯

のみ、彼のコーチが伴走することになった。

「僕は自分ひとりの力でやりとげたいと思っていたのですが、あれだけ過酷な状況では、やはりサポートが必要だったのです」ビアーデンは言った。

もし彼ひとりで走っていたら、レースの後半は体調管理を怠ってしまったかもしれない。だがコーチはつねに気を配り、「水分を摂ってるか？　食べてるか？」と彼に声をかけた。

ずっと昔からなにをするにも「自分の力で、ひとりでやる」という姿勢を頑固に貫いてきたことが、うつ病になった要因のひとつでもあるのは、ビアーデン自身も自覚している。彼はいつも「孤高を貫き、あらゆる面で自分の潜在能力を１００パーセント発揮すべく、責任をもつこと。それをすべて独力でなしとげること」を自分に課していたという。

そんな彼がコーチの伴走を受け入れ、余計なお節介だと思わなかったのは、自分でも思いがけないことだった。

「あのとき、僕にもようやくわかったのです――もちろん僕は自分の力でがんばっているけれど、友人がそばにいて、苦労をともにしてくれている。だからといって、僕に能力がないわけじゃないんだ、って」彼は私に言った。

「以前の僕は、他人の助けを借りるのは、自分が弱い証拠だと思い込んでいたんです」

最近、ビアーデンは自身のブログで、ウルトラマラソンの仲間たちに向けたメッセージを投稿した。じつはずっと以前から、45歳を過ぎた自分の姿は想像もできなかった、と打

ち明けたのだ。おそらくそれまでに、自分は死を選ぶにちがいないと思っていた。ビアーデンはそのブログ記事で、自分にとっては走ることが、いつのまにか一種の治療法にも、喜びの源にもなっていたと語った。

　また、いちばん苦しかったときに支えてくれた妻に対する感謝の言葉を述べ、彼女の助けを素直に受け入れることが、自分にとってなによりも難しく、なによりも大切なことだったと述べた。

　そして、自殺を考えている人、うつ病で苦しんでいる人には、あなたは決してひとりじゃないと知ってほしい、どうか恐れずに助けを求めてほしい、と励ましの言葉を贈った。

　その記事が投稿されたのは、彼の46歳の誕生日だった。

「これからはもう、どれだけ歳を取った自分も想像できる」

おわりに

本書の執筆中、私は自宅のオフィスの床から天井まで届く、大きなコルクボードを使っていた。最初のうちは、取材したい人びとや機関の連絡先や、確認すべき科学論文の要旨などを走り書きしたインデックスカードが、まばらにとめてあるだけだった。

執筆が進むにつれ、私が取材した多くの人から、インタビューのときに聞いた話にまつわる写真が次々に送られてきた。私はそれをプリントして、コルクボードにとめた。また、彼らのソーシャルメディアに投稿された写真や、動画のスクリーンショットも同じようにプリントしてとめていった。

コルクボードの写真のなかでもとくに気に入っているのは、オタワ・ローイングクラブのマスターズ・ウィメンズのクルー、キンバリー・ソッゲが送ってくれた１枚だ。２０１７年10月、２日間にわたる世界最大のローイング大会「ヘッド・オブ・チャールズ・レガッタ」に、クルーチーム例年、８名で参加した際に撮られたものだ。例年、マサチューセッツ州ボストンとケンブリッジを隔てるチャールズ川の土手や橋の上には、週末の２日間で30万人の観客が集まり、世界各国の選手たちがオールを漕いで川を遡っていく

ようすをながめる。

オタワのチームは抽選によって、平均年齢50歳以上と定められたウィメンズ・シニア・マスターズレースに出場できることになった。この大会に出るのは、彼女たちの長年の夢だった。

ケンブリッジに到着後、舵取りや指示をおこなうコックスが、チームのみんなにプレゼントを渡した。それは彼女の8歳の娘が色紙を切り抜いてつくったハートだった。娘はディズニー映画『モアナと伝説の海』に夢中で、水上で戦う母のチームメイトたちに〝女神テフィティのハート〟をお守りとして、ひとつずつ身につけてほしかったのだ。

ウィメンズ・シニア・マスターズのレースは、土曜日の午前10時のスタートだ。おそろいの赤いタンクトップを着たオタワのクルーたちは、スポーツブラのなかにＩＤカードと色紙のハートをしのばせた。

真夏日のような暑さのなか、クルーたちは照りつける陽射しを浴びながら、約17メートルの競漕艇をかついでドックへ運び、着水させた。そこから何百艘ものボートが、エントランス・ポイントへ向かってゆっくりと水上を進んでいた。クルーたちはコックスと向かい合って、左右の席に着いた。全員、ブレードの部分にオタワ・ローイングクラブのロゴの入ったオールをかまえている。スタート地点へ向かう途中、コックスが言った。

「さあみんな、ついにやってきたよ」いま、この瞬間を楽しまなくては。

やがて、アナウンスが聞こえた。

「オタワ・ローイングクラブ、発艇番号30、位置に着いて！」

コックスが叫んだ。

「さあ、行くよ！」

漕手《クルー》たちは視覚よりも聴覚を駆使するため、ソッゲがこの大会のことで思い出すのも音ばかりだ。ストロークに合わせて、みんなが強く息を吐く音。オール受けがいっせいにガチャっと鳴る音。舟底に打ち寄せる波の音。橋の下をくぐるときの反響音。メキシコシティの友人が、橋の上からみんなに向かって叫んだ声。

「ゴー、オタワ！」

クルーたちは練習で培った信頼とチームワークを頼りに、ボートを漕いで川を遡っていく。早朝も、仕事のあとも、週末も、オタワ川で練習に励んできた。約４・８キロのレースの終盤、ラストの１００メートルが迫った瞬間、コックスが大声で言った。

「さあみんな、全力を出して！　テフィティのハートの威力で！」

「みんな死に物狂いでやりました」ソッゲが私に言った。

「痛みと苦しみを味わいながらも、みんなで磨いてきたスキルと団結力を発揮できました。全員にとって、忘れられない瞬間です」

オタワのチームは20分37秒でゴールし、38チーム中31位となった。この結果に、みんな大喜びした――世界最高峰のこの大会で完走するという目標を、みんなの力でついに達成することができたのだ。

ドックに戻る途中、クルーたちは漕ぐ手を止め、しばし水上をゆったりと漂った。そのとき、コックスが言った。

「さあ、ハートを川に流しましょう」

くたくたに疲れ切った、幸せいっぱいのクルーたちは、汗のしみたハートをスポーツブラから取り出した。そして1、2、3の合図で、みんなでハートを川に流した。ソッゲが私に送ってくれたのはそのときの写真だ。全員、右腕を空に向かって伸ばし、親指と人差し指で色紙のハートをつまんでいるしぐさが、ローイングのストロークと同じように見事にそろっている。

色とりどりのハートが宙を舞うなか、喜びと解放感をかみしめながら、ソッゲは思っていた――この美しい瞬間も、もう二度と戻ってこないのだ、と。

ある日、自宅のオフィスで、もう何百回となくながめてきたコルクボードを見上げていた私は、これだけ多くの瞬間が切り取られたのは、あらためて興味深いことだと思った。人はどうでもいいことは記録に残さない。ここにある写真はどれも、誰かにとってかけがえのない瞬間を記録したものだ。

スポーツで目標を達成した瞬間を動画に収めてシェアしたり、グループ練習で汗をかいたあと、みんなで自撮り《セルフィー》写真を撮ったり。そういう写真に収められた記念すべき瞬間を、人びとは大切にしている。だからこそ、家族写真のとなりにレースの出場記念のゼッケン

を飾ったり、20年前のTシャツを大切にとっておいたりするのだ。

コルクボードの写真はどれもみな、運動が人びとを結びつけ、私たちのいいところを引き出してくれることを証明してくれた。重たいウェイトをもち上げる、ウォールをよじのぼる、手をつないで輪をつくるといった単純な行為が、思いがけないほど大切な意味をもたらすことを、あらためて思い出させてくれた。

そういったかけがえのない瞬間は、写真に収められ、記念の品とともに大切にされ、ストーリーとして語られてきた。喜びや連帯感や勝利を味わった瞬間は、きらめくような思い出として残っていく。やがてそれがその人のアイデンティティとして確立し、あるいはコミュニティの礎《いしずえ》となったりする。

ノルウェーの倫理学者シグムント・ローランドは、２０１７年の論文においてつぎの問題を提起した。

もし実際に可能になったら、人びとは運動をするかわりに薬を飲むだろうか？

運動と同じような健康効果をもたらす薬の研究は、すでに始まっている。もし実現したらどうなるだろう？

「運動は時間も労力もお金もかかるうえに、怪我のリスクもあることを考えれば、そういう薬よりも運動を選ぶたったひとつの理由は、運動そのものに価値を見出しているからにちがいない」とローランドは述べている。

「運動にはそのような価値があるのだろうか？　あるとしたら、どんな価値だろう？」

私が科学から学んだことや、本書で紹介した多くのストーリーや、私自身の体験から考えても、答えは断然、イエスだ。私たちは体を動かすことによって、喜びを覚え、自分らしさを見出し、人とのつながりや希望を感じる。過酷な大自然のなかでも、屋内で仲間たちに囲まれていても、私たちは運動をすることで、心や体に好ましい環境に身を置くことになる。新しい自分に出会えたり、思っていた以上の力を発揮したりする。人とつながりやすくなり、自己超越の感覚を体験できることもある。

運動以外の手段でも、このような効果を得ることはできる。自己発見の方法はほかにもたくさんあるし、コミュニティを形成する方法もさまざまだ。幸福感を味わえる役割や、楽しい娯楽もいくらでもあり、詩や祈りやアートも心を癒してくれる。運動は、このような意義や喜びをもたらす、さまざまな活動に取って代わるものと考える必要はない。

けれども、運動は人間の多様なニーズを満たせるという点で優れており、だからこそ根本的な価値のある活動として一考に値するのだ。私たちの善の部分を引き出すには、運動がいちばん効果的にさえ思える。キンバリー・ソッゲは私に、ヘッド・オブ・チャールズ・レガッタが至高の体験となったのは、「人間のもっとも崇高な精神が表れる」からだと語った。

倫理学者のシグムント・ローランドも同じような結論に達し、エクササイズの代用薬の効果は、実際の運動の効果には遠くおよばないだろうと述べた。

「運動をしたくないというのは、人間らしく生きるうえで欠かせない経験を拒否するのと

同じである」

私たちは体を動かすことによって、何万年も前から人類が生き残るために役立ってきた、さまざまな本能を活用することができる。やりとげる力や、互いに協力し、助け合うコミュニティを形成する能力。将来のために備える力や、困難を克服し、乗り越える力。社会的弱者を擁護し、守る力。まわりの人たちや世界とのつながりを感じる力。与え合い、手を差し伸べ、助け合う力などだ。

運動がこのような効果をもたらす仕組みは、**喜び**にある。ランナーズハイも、体を一緒に動かすことによる高揚感も、自然との一体感も、すべては喜びをもたらす脳内化学物質の作用によるものだ。喜びを感じるからこそ、私たちは儀式や音楽に惹かれる。自己ベストを更新するのも、ほかの人たちと助け合うのも、誰かが目標を達成するのを見届けるのも、そこに喜びを感じるからこそ、大きな満足感が得られるのだ。

運動によって私たちの最善の部分が引き出されるのも、やはり幸せな気分になるからだ。いっときのうれしさや誇らしさだけでなく、深い意味での幸福を味わうことができる。それは、目的意識をもって努力できたことや、よい仲間に恵まれたこと、自分よりも大きな存在とのつながりを実感できたことによる幸福感だ。そのような幸福感は、希望と呼ぶのがもっともふさわしい。

運動がもたらす精神的・社会的効用を経験するのは難しいことではない。哲学者のダ

グ・アンダーソンは、「運動が人生にもたらす大きな変化は、私たちが運動のすばらしさに目覚め、自分がやっていることにしっかりと注意を払っていれば、誰にでも体験できる可能性がある」と述べている。決まった訓練方法もなければ、唯一の道筋も処方箋もない。ただ、自分の喜びに素直にしたがうだけだ。

それでも指針がほしいなら、とにかく**動くこと**。どんな運動でも、どんな量でもかまわないから、自分が楽しいと思うことをしよう。

体のなかでまだ動く部分を、感謝の気持ちをもって動かそう。
ひとりのときも、仲間と一緒のときも、体を動かそう。
家のなかでも、屋外でも、体を動かそう。
音楽に合わせて体を動かそう。静寂のなかでも、体を動かそう。
自分にとって意義のある目標を設定しよう。
少しずつ挑戦し、やがて意欲的なチャレンジを達成しよう。
新しい体験を求め、新しい自分に出会おう。
運動をすることでどんな気分になるか、自分にどんな変化が起きるかに注目しよう。
体の声に耳を澄ませよう。
自分にとって心地よく感じることをしよう。
たとえ話や比喩をおおいに活用しよう。

刺激を与えてくれ、温かく迎えてくれる、場所や人びとやコミュニティを探そう。
喜びの糸をできるだけ長く手繰り寄せていこう。

本書の推敲が終わりに近づいたころ、私はコルクボードにまた1枚の写真をとめた。ハロウィーンのとき、地元のジムのダンスレッスンのあとで撮ったものだ。朝8時スタートにもかかわらず、半数の人たちが仮装をしてきたのには驚いてしまった。スパイダー、黒猫、魔女、ミツバチ、骸骨《スケルトン》。ワンダーウーマンはふたりもいた。私はレッスン後にみんなで食べられるように、ハロウィーンのお菓子の器に柿と採りたてのりんごを入れてもっていった。チョコレートをもってきた人もいた。

いつもとほぼ同じプレイリストに、ハロウィーンにぴったりの曲もいくつかサプライズとして入れた。みんなでオオカミの遠吠えをしたり、ゾンビみたいによろめいたり、おおいにふざけて笑い合った。

その日のレッスンに参加した生徒たちのなかには、化学療法で治療中の人や、夫を亡くしたばかりの人もいた。外傷性脳損傷を負ったうえに父親を亡くし、ようやく立ち直りつつある人もいた。そんな状況でも、レッスンに来てくれたのだ——あるいは、だからこそ来てくれたのかもしれない。

最後にクールダウンのストレッチをしているところへ、早くもつぎのレッスンの生徒たちがスタジオに入ってきたが、少し待ってもらって、クラスの集合写真を撮った。

2週間後、その写真にうつっている生徒からメールが届いた。この1年、彼女にとってダンスのレッスンがどれだけ大切だったか、その思いを綴っていた。

「レッスンを受けたあとは気持ちを強くもつことができ、力が湧いてきました。楽観的でうれしい気分になったり、ネガティブな感情にうまく向き合えたりもしました。

そういう効果は以前から感じていましたが、今年はとくにクラスのみんなが私を見守ってくれ、支えてくれているのを実感しました。それぞれつらい思いをしている人たちもいましたが、一緒にダンスをすることで、私たちはきっとお互いに力を引き出していたのでしょう。私はひとりじゃないんだ、と思うことができました」

私は彼女のメールを印刷し、コルクボードのハロウィーンの集合写真のとなりにとめた。そのまわりには、私が本書の取材で話をきいた人たちの記念すべき瞬間が並んでいた。

タフマダーで泥水に飛び込んでいくキャシー・メリーフィールド。

フードバンクに寄付された食品の仕分けをしたあと、みんなで並んでポーズを取っているグッドジムのランナーたち。

夫を背負って海岸を走っているクロスフィットジムのコーチ、ケイティ・ノリス牧師。

コスタス・カラゲオルギスがブルネル大学陸上部のために制作した「ウィー・アー・ファミリー」Tシャツ。

理学療法で5キロのトレッドミルマラソンに初挑戦しているジョディ・ベンダー。

地域の緑地の手入れをおこなうグリーン・ジムのカムデン支部で、10周年を祝うボランティアの人たち。

山へと続く道の真ん中に立っているウルトラランナー、ショーン・ビアーデン。

DPIアダプティブ・フィットネスで、デヴォン・パレルモを相手にボクシングをしているジョアンナ・ボニーラ——ウォール・オブ・グレイトネスにその名を刻んだ。

ジュリアード音楽院のリハーサル室で、両腕を上に伸ばして喜びのジェスチャーをしている、「パーキンソン病患者のためのダンス・プログラム」のメンバーたち。

ハーフマラソンのメダルがずらりと並んだ、ノラ・ヘイフェリーのリビングの棚。

双子の娘たちを乗せたベビーカーを押しながら、並んで走っている私の妹夫婦。

朝8時のダンスレッスンの集合写真——人生のすばらしさを仲間たちと味わった。

コルクボードの前に立って、粘り強さと、勇気と、コミュニティの絆を映し出した数多《あまた》の写真をながめながら、私は胸がいっぱいになった。これこそまさに希望の姿だ。

情報源について

本書には数多くの個人的な体験談が登場する。人名がフルネームで表記してある場合は、体験談の掲載とフルネームの使用について、本人から許諾を得たか、すでに他媒体で発表や公表されているものである。ファーストネームのみで表記してある場合は、体験談の掲載については許諾を得たが、本名の掲載は望まないという本人の意向に沿ったものである（その場合は偽名を使用するか、本人の許諾を得てファーストネームのみ本名を使用した）。また、ストーリーの掲載について本人の許諾を得たくても、連絡がつかなかったケースも含まれる（たとえば、科学雑誌の症例報告に出てくる体験談では、もともと偽名が使われているため）。

個人の発言については、個人的なインタビュー（直接会って取材したもの、電話、スカイプ、メール、ソーシャルメディア等で取材したもの）からの引用であり、その他の場合については、原注に明記した。原注で示した参考文献は、本書で述べた主張を裏づける代表的な情報源であるが、網羅的ではない。本書で言及した具体的な研究事例に加え、重要な研究レビューを入れるように心がけた。

本書では動物実験にもふれている。このような実験をおこない、また利益を得ることについては、重大な倫理的問題があるだろう。本書で説明する考え方の科学的根拠の重要な部分に動物実験が出てくる場合のみ、取り上げることにした。それらの研究は、動物の倫理的取り扱いに関する当時の科学界の合意にもとづいて実施されたものである。

謝辞

本の執筆はウルトラマラソンのようなもので、私も持久系アスリートと同じく、ひとりではゴールまでたどりつけなかった。

出版に関しては、エージェントのテッド・ワインスタインに大変お世話になった。今回も支持者および協力者として、遺憾なく敏腕を振るっていただいた。

エイヴリーおよびペンギン・ランダムハウスのチームのみなさんにも、心から感謝したい。パブリッシャー兼編集者のミーガン・ニューマンへ、このプロジェクトを担当してくれてありがとう。あなたは私に対し、もっと大きな視野で考え、自分の好奇心の動くままに、もっとも魅力を感じることを追求するよう励ましてくれた。

推敲に辛抱強く付き合い、指導をいただいた編集者のニーナ・シールドと、舞台裏でこまやかなサポートをいただいたハンナ・スタイグマイヤーにもお礼を申し上げたい。ナンシー・イングリスとジャニス・クルジウスには、原稿の誤りを見つけるだけでなく、向上させてくれたことに感謝したい。リンゼイ・ゴードンとケーシー・マローニーには、いつも楽しいパブリシティを企画してくれることに感謝したい。何年も一緒に仕事をしてこられたことを、とてもうれしく思っている。

家族は、私がグループエクササイズのインストラクターになり、やがて本を書くことな

ど想像すらできなかったときから、ずっと私を支えてくれた。母のジュディスには、ガレージセールでエクササイズのビデオをたくさん買ってきてくれたこと、そして音楽劇やダンスのレッスンに私を通わせてくれたことに感謝したい。父のケヴィンには、レッスンやリハーサルのたびに、車で何度も送り迎えをしてくれたことに感謝したい。両親がともに教師の仕事に打ち込む姿を見せてくれたおかげで、私がその情熱を受け継いだのもありがたいと思っている。双子の妹ジェインには、人生のあらゆる面で励ましてくれてありがとう、と言いたい。本書のテーマにも熱心に賛同してくれた。おかげで、どうやって書き進めたらいいかわからなかったときも、意欲をもち続けることができた。夫のブライアンには、ウルトラマラソンのような執筆の道のりを伴走してくれたことに感謝したい。優秀なペースメーカーよろしく、つねに私の心の支えとなり、ラストスパートのあいだ、私がしっかりと集中できるように計らってくれた。私が疲れ切って、性根尽きたときは、なぜこの本を書いているのかを思い出させてくれた。

　また、ずっと昔から私の幸福やメンタルヘルスに多大な貢献をしていただいている、エクササイズやダンスのインストラクターのみなさんにも、この場を借りてお礼を申し上げる機会を得たことをうれしく思う。お世話になった方々は枚挙にいとまがないが、バリー・ムーア、ゲリー・バーニー、リンダ・ポルヴェールのおかげで、私は若いときからダンスへの情熱を育むことができた。私が初めてキックボクシングのクラスを受講した、ボストンのコモンウェルス・アベニューにある「ヘルスワークス」でも、インストラク

ターのみなさんにお世話になった。スタンフォード大学でダンスを指導している教員のみなさん。ジュディ・シェパード・ミゼット、マーガレット・リチャーズ、そして、私に刺激を与えてくれた先輩方やロールモデルのみなさん。ニア創始者のデビー・ローザス、カルロス・ローザス、そして私が指導を受けた優秀なニアトレーナーのみなさん。ズンバのトレーニング専門家の方々や、一緒に踊る機会に恵まれたジャマー［ズンバの振付師］のみなさん。世界的なグループフィットネス・プログラム「レズミルズ」のプログラムディレクターや、国際プレゼンテーションチームのみなさん。そして、「ボリックス」や「レフィット」、「３０５フィットネス」など、多くの人びとに喜びをもたらすプログラムを開発している、ジムのクリエイターのみなさんにも感謝したい。

　また、私が何年も前からグループエクササイズのインストラクターを務めてきたコミュニティにも、深く感謝したい。とくに「スタンフォード・エアロビクス・アンド・ヨガ」では、２０００年に最初のクラスを担当して以来、いまも教え続けている。そして、私の最初のニアの先生であり、ともに動く喜びを広める活動をおこなっているサラ・ラミレスにも、深い感謝をささげたい。彼女こそまさに、コミュニティを形成するとはどういうことかを、身をもって示し、逆境に遭遇しても希望を選ぶことを実践しているひとだ。

　そしてなによりも、本書のために個人的なストーリーを語ってくれた方々や、本書で紹介することを許諾してくださった数々の組織にお礼を申し上げる。みなさんのご親切に心より感謝したい。みなさんが本書のために時間を割いてくださったのは、誰かの役に立ち

たい、励ましたいというお気持ちからであり、それこそ本書のもっとも重要なメッセージや、私が本書を執筆した理由と重なるものだ。この本に読者の方々の人生に変化をもたらす力があるならば、みなさんのご協力のたまものである。

訳者あとがき

サイエンス・ヘルプのリーダーとして世界的に注目を集めるスタンフォード大学の健康心理学者、ケリー・マクゴニガル博士は、大学での講義や講演活動のほか、スタンフォード大学をはじめとする場所で、年齢や健康状態の異なる幅広い人びとを対象に、ダンス、ヨガ、グループエクササイズの指導を20年来おこなっている。

著者はこれまでの著作において、「意志力」と「ストレス」をテーマに神経科学、心理学、医学等の最新の知見に魅力的なストーリーを織り交ぜながら、脳の働きや、心と体のつながりをわかりやすく説明し、自分の行動や考え方、問題への対処のしかたを変える方法を示してきた。そして心身の健康と幸福のために、まわりの人やコミュニティとのつながりが重要である、と一貫して説いてきた。自身のホームページでもこう述べている。

「たとえ困難なときでも、希望や、喜びや、意義を感じることはできる。そのためにもっともよい方法は、つながること――まわりの人たちとつながり、自分よりも大きな存在とつながることだ」

ここでいう「喜び」とは、pleasure《プレジャー》（快楽）ではなく、本書の原題『The Joy of Movement』にもあるjoy《ジョイ》（幸福感にあふれた喜び、歓喜）だ。そして本書のテーマはずばり、「運動」である。なぜなら、運動は心身の健康や回復に役立つだけでなく、人と人とのつながりやコミュニ

ティの絆を深め、社会のウェルビーイングに貢献するからだ。

体を動かす喜びの大部分は人とのつながりがもたらす喜びであり、うつ病や不安症への効果も高く、社会的孤立を防ぐ効果もある。つまり、運動の喜び、体を動かす喜びを味わうことは、人間らしく生きていくために必要なことなのだ。「本書はあらゆる運動と人間性を讃えるラブレターだ」と著者は語っている。

ひとりで走っていてもランニングハイは味わえるが、面白いことに、ダンスやヨガやズンバなど、グループで音楽に乗って体の動きを合わせると、さらに大きな高揚感や喜びを味わうことができる。しかも特筆すべきは、運動がもたらす心理的・社会的な効果は、身体能力や健康状態とは関係がないことだ。体に障害のある人や、ホスピスケアを受けている人、パーキンソン病の人びとにも、同じような効果が表れている。

また、自然のなかで体を動かすと、明るく楽観的な気分になれる。自然とのふれあいを求めるのは人間の本能であり、屋外で過ごす時間を定期的にもたないと、意識が外側に開かれず、ネガティブな思考にはまってしまうのだ。公園などの緑地の手入れをおこなうボランティア活動は、コミュニティの形成に役立つだけでなく、地域住民の精神衛生にも貢献することがわかっている。

本書には数多くのストーリーが登場するが、過酷な障害物レース「タフマダー」や、ウルトラマラソンの参加者たちの体験談はとりわけ興味深く、示唆に富んでいる。じつは近年、世界的に急増しているウルトラマラソンの参加者には、うつ病、不安症、トラウマ、

依存症などの既往歴のある人が多い。うつ病になると日常の喜びが感じにくくなるが、自然のなかで体を動かすことで、「筋肉から、希望が生まれる」のだ。そして、もっとも過酷な状況で互いに助け合い、ときに思わぬ喜びの瞬間を味わうことで、苦しみを乗り越えていく。

著者には4冊の自著があるが、最初のヨガの本を除いて、この8年間で3冊の作品を続けて翻訳することができたことを、心から幸せに思う。著者は２０１３年と２０１６年に二度来日しており、その際は私も講演や取材に同行し、会食にも同席させていただいたことは、いまも忘れがたい思い出となっている。著者の影響でヨガを始めて数年になるが、その喜びは、いまでは私の生活に欠かせないものとなった。

最後に、今回も訳出上の疑問について丁寧に答えてくださったアメリカのカルヴァン・チャンさんと、実際にウルトラマラソンのランナーであり、ご自身の体験と知識を活かして伴走してくださった、大和書房の林陽一さんに心よりお礼申し上げます。

２０２０年3月

神崎朗子

本書の原注は以下のURLよりダウンロードいただけます。

http://www.daiwashobo.co.jp/files/the_joy_of_movement.pdf

ケリー・マクゴニガル

(Kelly McGonigal, Ph.D.)

スタンフォード大学の心理学者。ボストン大学で心理学、マスコミュニケーションを学び、スタンフォード大学で博士号(健康心理学)を取得。心理学、神経科学、医学などの最新の知見を用いて、人びとの心身の健康や幸福、成功、人間関係の向上に役立つ実践的な戦略を提供する「サイエンス・ヘルプ」のリーダーとして、世界的に注目を集める。メディアでも広く取り上げられ、『フォーブス』の「人びとを最もインスパイアする女性20人」に選ばれている。TEDプレゼンテーション「ストレスと友達になる方法」は2200万回超の再生回数を記録。著書は28カ国で刊行され日本でも累計80万部のベストセラーとなった『スタンフォードの自分を変える教室』、『スタンフォードのストレスを力に変える教科書』(ともに大和書房)などがある。大学での講義や国内外での講演活動のほか、心身相関を重んじる立場から、ダンス、ヨガ、グループエクササイズの指導を長年行っている。

神崎朗子

(かんざき・あきこ)

翻訳家。上智大学文学部英文学科卒業。おもな訳書に『やり抜く力 GRIT』(ダイヤモンド社)、『スタンフォードの自分を変える教室』『スタンフォードのストレスを力に変える教科書』『申し訳ない、御社をつぶしたのは私です。』『フランス人は10着しか服を持たない』(以上、大和書房)、『食事のせいで、死なないために(病気別編・食材別編)』(NHK出版)などがある。

スタンフォード式《しき》 人生《じんせい》を変《か》える運動《うんどう》の科学《かがく》

2020年4月30日　第1刷発行
2023年9月10日　第3刷発行

著　者　ケリー・マクゴニガル
訳　者　神崎朗子《かんざきあきこ》
発行者　佐藤 靖
発行所　大和《だいわ》書房
東京都文京区関口1-33-4
電話　03-3203-4511

装　幀　水戸部 功＋北村陽香
写　真　©Ben Krantz
本文印刷　厚徳社
カバー印刷　歩プロセス
製本所　ナショナル製本

ISBN978-4-479-79724-1

http://www.daiwashobo.co.jp